APPROCHE PSYCHOLOGIQUE DES PIERRES ET DES CRISTAUX

Le secret des pierres et des symboles au quotidien

Volume 2

Dépôt légal décembre 2007

ISBN 2-9521745-3-9
Achevé d'imprimer en Décembre 2007
Imprimé en CEE

Le secret des pierres au quotidien

Volume 2

LES DOUZE FORCES VIBRATOIRES

Quatre-vingts pierres et cristaux
Neuf polyèdres
Neuf chakras Spirituels
associés à quatre-vingts symboles
pour développer :

Votre Prémonition
Votre Aura
Votre Force d'Agir

Jean-Marie SCHNEIDER

Editions JMD
BP 30
68124 LOGELBACH
Tél: 06.80.68.04.46 E.mail : editions-jmd@orange.fr
Website : www.editions-jmd.info

Mise en garde de l'auteur.

Toutes les données figurant dans ce livre,
tous les effets psychologiques considérés comme
impersonnels, peuvent avoir,
en particulier, des effets non référencés.

Ils ne peuvent servir de diagnostic médical
et ne remplacent en aucun cas les traitements médicaux.

C'est pourquoi, l'auteur ne peut pas garantir l'efficacité et
l'innocuité des applications dans chaque cas individuel.

**En cas de trouble de santé, de toute façon,
consultez au plus vite votre médecin.**

Ces applications permettront à chacun de trouver
dans l'utilisation des minéraux,
et l'interprétation des symboles,
les forces énergétiques et psychologiques pour dépasser
les caps difficiles et douloureux
tant physiques que mentaux.

**"La psychologie est le placebo actif
du physique et du mental"**

**Rien ne peut nous atteindre
si nous prenons conscience
que chaque action entreprise génère
autant de bien que de mal.**

**Mais rien ne peut se réaliser sans
la volonté de le réaliser.**

JMS

Déjà paru du même auteur :

Collection : Un Jour Un Chemin.
Les liens terrestres.
Bien vivre mon relationnel.

Collection : Le petit guide de l'essentiel.
Comment oser dépasser les défis de sa vie ?

Collection : Les douze forces vibratoires.
Jeu des douze forces vibratoires.

Collection : Approche psychologique des pierres et des cristaux.
Le secret des pierres au quotidien. **Volume 01.**

Quatre-vingts pierres et cristaux, neuf solides de Platon associés à quatre-vingts symboles. **Volume 02.**

A paraître : La Lithoponcture. **Volume 03.**

A paraître dans la collection : Un Jour Un Chemin.
La force d'agir.
L'équilibre physique et mental.
Le discernement et la parole.
Voir vraiment clair.
Vivre sa spiritualité.
Les liens divins.
Sortir de la nuit.

TABLE DES MATIÈRES

Propriétes psychologiques des pierres et cristaux

Minéraux

Symboles - Cartes

Exercices

Propriétes psychologiques des pierres et cristaux

Minéraux

Symboles - Cartes

Exercices

Le secret des pierres au quotidien volume 02

Les 80 symboles prémonitoires associés à 80 pierres pour agir dans sa vie

Jaspe rouge
page 57

Labradorite
page 139

Lapis-Lazuli
page 191

Larme d'Apache
page 207

Larvikite
page 141

Lépidolite
page 75

Magnésite
page 65

Magnétite
page 227

Mahagonite
page 103

Malachite
page 157

Mangano
page 229

Morganite
page 221

New Jade
page 115

Oeil céleste
page 171

Oeil de fer
page 91

Oeil de tigre
page 71

Péridot
page 167

Pétalite
page 61

Pierre de Lune
page 177

Pierre de Soleil
page 175

Pyrite
page 79

Quartz fumé
page 199

Quartz neige
page 117

Quartz rose
page 213

Quartz roulé
page 185

Quartz rutile
page 127

Quartz tourmaline
page 183

Rhodocrosite
page 135

Rhodonite
page 215

Rubis brut
page 209

Shiva-lingam
page 203

Silex
page 63

Sodalite
page 149

Sugilite
page 211

Tourmaline biseautée
page 205

Tourmaline
melon d'eau
page 107

Tourmaline
noire
page 145

Tourmaline
verte
page 125

Turquoise
page 121

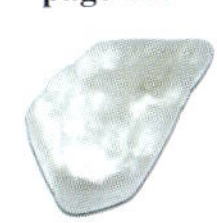
Ulexite
page 69

Le secret des pierres au quotidien volume 02

Les 80 symboles prémonitoires associés à 80 pierres pour agir dans sa vie

Construire
41.page 142

Evoluer
42.page 144

Aboutissement
43.page 146

Le temps
44.page 148

Equilibre intérieur
45.page 150

Connaissance
46.page 154

Prendre conscience
47.page 156

Calme et tranquilité
48.page 158

Dépassement des difficultés
49.page 160

Enseigner
50.page 162

Respect
51.page 164

Consulter
52.page 166

Clairvoyance
53.page 168

Triple perception
54.page 170

Ecoute
55.page 174

Energie du monde subtil
56.page 176

Claire audience
57.page 178

Supériorité
58.page 180

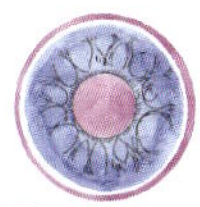
Fondement
59.page 182

Pureté
60.page 184

Protection des acquis
61.page 186

Transmettre
62.page 188

Recherche
63.page 190

Relationnel
64.page 194

Energie
65.page 196

Compassion
66.page 198

Connaissance parfaite
67.page 200

La vue
68.page 202

Coronal
69.page 204

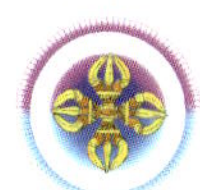
Nirvana
70.page 206

La voie
71.page 208

Rayonnement
72.page 210

Harmonie
73.page 212

L'Amour
74.page 214

Le Bonheur
75.page 216

L'Imparfait
76.page 220

Foetal
77.page 222

Conscience
78.page 224

Equilibre terrestre
79.page 226

Equilibre spirituel
80.page 228

Introduction

Une approche différente de la lithothérapie : La Lithoponcture et le jeu des douze forces vibratoires.

L'association de l'énergie du règne minéral à la sagesse vibratoire des symboles du jeu des douze forces vibratoires permet de trouver les clefs de vos défis de tous les jours, vous faisant découvrir les besoins, les moyens et l'énergie nécessaires à la réalisation de ceux-ci à condition, bien entendu, d'agir.

Cette association, tel un miroir, reflète votre personnalité passée, présente et à venir...

Elle transcrit votre état d'âme en fonction du moment, d'une pensée, d'une demande ou d'un état intérieur.

Telle une caméra intérieure, **la Lithoponcture permet de "voir" ou de "ressentir", mais surtout d'interpréter** ce que votre inconscient sait, mais que **votre conscient ne peut ou ne veut pas voir.**

Plus vous serez le complice des différents règnes vibratoires, plus vous construirez vos propres fondations, et plus vous garantirez votre indépendance sans pour autant vous éloigner des autres.

Ces fondations vous permettront d'aller à la rencontre de votre vraie personnalité, de votre vrai chemin de vie, tout en développant vos "Chakras Spirituels".

Vous ne vous cacherez plus derrière des artifices.

Aujourd'hui, dans notre société de consommation, devoir, à longueur de journée, jouer un rôle pour "rentrer dans le moule", rend très difficile le fait d'exprimer sa raison d'être.

C'est pourquoi, il est laborieux d'être soi-même, de s'accepter, de croire en soi, si l'on a peur de sa réalité intérieure et du pourquoi on est fait.

Pour vous faciliter les liens entre les différents règnes vibratoires vous aidant à être vous-même, **j'ai conçu, après de nombreuses années d'applications, de vérifications et de recherches, un jeu appelé les "Douze Forces Vibratoires".**

"Les douze forces vibratoires" et l'énergie des pierres et des cristaux vous conduiront, jour après jour, dans votre chemin, vers :
- Une avancée dans votre spiritualité intérieure.
- Une façon différente de penser, de regarder et de vous maintenir en équilibre énergétique.

"Les douze forces vibratoires", l'énergie des pierres et des cristaux, des polyèdres réguliers ou irréguliers et des chakras spirituels :

- **Développeront** votre sensibilité existentielle en vous donnant le droit de goûter au plaisir du temps présent.
- **Vous mèneront** vers une joie réelle de vivre enfin en accord avec vous-même.
- **Vous permettront** de rayonner en développant votre aura et votre force d'agir.

"Les douze forces vibratoires" sont en symbiose avec la Lithoponcture, associant le physique, le mental, le spirituel et les différents règnes minéral, végétal et symbolique aux polyèdres exprimant la "création du monde".

Ce jeu vous permettra d'augmenter votre potentiel de ressenti en semant les graines de votre compréhension et de votre avancée.

Les méthodes révélées dans ce livre sont uniques et vous permettront, tout en vous initiant au ressenti des symboles, d'utiliser à bon escient la magnificence de l'énergie des pierres, des cristaux et des polyèdres.

Ces méthodes vous permettront :

- De mettre au jour vos talents enfouis au plus profond de votre inconscient.

- De trouver dans votre individualité la force de réaliser vos projets, même les plus importants.

- De réagir en accord avec vous-même, engendrant confiance, rayonnement et harmonie.

"La Lithoponcture"®

Action physique, intellectuelle, mentale, psychique et émotionnelle.

La Lithoponcture® repose sur la trilogie existentielle basée sur la réorganisation énergétique de trois composantes (physique, éthérique et mentale), l'ensemble reliant le corps astral.

La Lithoponcture® réactive ces trois fonctions énergétiques, facilitant la localisation des difficultés mentales et physiques.
- Elle agit sur les points "carrefour", autorisant les déblocages qui favorisent la réorganisation de la circulation de l'énergie éthérique.
- Elle permet le développement du ressenti, générant l'équilibre psychique.
- Elle favorise les liens avec "l'Ether", source inépuisable d'énergie renforçant l'aura.

La Lithoponcture® est une forme traditionnelle de thérapie utilisant :
- Pour le corps physique : les éléments naturels, végétaux et minéraux.
- Pour le corps éthérique : les cheminements des points structurels **(voir livre explicatif).**
- Pour le mental : les liens énergétiques reliant le conscient à l'inconscient, ce qui développe l'énergie psychique.

La Lithoponcture® agit sur la notion d'équilibre entre les rythmes biologiques.
De ce fait, elle régule les rythmes cycliques temporels, faisant appel à la notion d'utilisation du "temps cyclique" dans le "temps linéaire*".

***Bien vivre mon relationnel.**

L'aura humaine

Les énergies auriques :
Sujet passionnant, mais aussi très controversé :
Qui a tort ? Qui a raison ?
Qui dit vrai, mais n'a pas forcément raison ou qui dit faux, sans avoir forcément tort ?

Le sage a dit : **"La seule vérité est la tienne..."**

- Dans la mesure où cette vérité peut être vérifiée, appliquée et comprise...
- Et sans mettre en doute d'autres vérités traitant du même sujet... Vérités devant, elles aussi, être vérifiées, appliquées et comprises.

Mon but n'est pas d'essayer de vous convaincre, ni de vous changer, mais de vous faire prendre conscience de certains faits et j'espère que mes constatations pourront contribuer à ajouter une pièce au puzzle de votre grand tableau d'évolution personnelle.

Je vais donc vous expliquer en quelques mots ce que j'ai expérimenté depuis des dizaines années.

Commençons par la définition de l'aura :
Tout ce nous percevons, tout ce qui émane de nous, tout ce que nous pensons, tout ce qui est mémorisé en nous, génère notre aura.

Une aura, au vu de notre conscient, se compose de tout ce que nous projetons inconsciemment vers l'extérieur : énergie, chaleur, pensées, joies, émotions, douleurs... (Provenant des réactions intérieures de notre corps physique).

Ces réactions intérieures du corps physique sont générées, le plus souvent, par la conséquence d'un événement venant de l'extérieur, entendu, vu, perçu ou ressenti.

Une aura est donc surtout de l'énergie (énergie mentale, psychique, somatique...).

Une aura doit donc être considérée comme une dépense énergétique physique, qu'il faut en permanence, d'une façon ou d'une autre, reconstituer.

Je vais vous donner quelques exemples :
Vous rencontrez une connaissance que vous n'avez pas vue depuis longtemps (événement imprévu extérieur).
Votre joie ou votre colère (intérieure) se traduira par un comportement émotionnel spontané projetant vers l'extérieur une énergie contenant votre émotion du moment.
Votre inconscient agira émotionnellement avant même que votre conscient n'ait réagi et il y aura eu une projection d'énergie modifiant votre aura.
C'est ce que l'on appelle l'aura du moment ou l'aura spontanée.

Prenons un autre exemple :
Inconsciemment, votre mental enregistre à votre insu, au niveau d'un chakra de conscience appelé "Nectar de lune", des événements que, consciemment, vous ne percevez pas.

Il vous est certainement arrivé, dans votre vie, d'être attiré par certains lieux, d'avoir l'impression de les connaître, ou de vous sentir chez vous dans un endroit où vous n'avez pourtant jamais mis les pieds. Ces impressions, ces ressentis, déclenchés par les fréquences vibratoires du lieu, vous relient aux mêmes fréquences enregistrées inconsciemment, il y a peut-être des années, dans un endroit ou une situation qui sont similaires, bien que totalement différents.

Ce lien, en vous reliant à votre mémoire de conscience, vous fait croire que vous êtes déjà venu ou que vous avez déjà effectué ces actions dans le passé.
Cela engendrera l'aura de conscience de mémoire, différente de l'aura du moment.

Ou encore, votre inconscient, bien avant que la maladie ne soit visible, vous préviendra de la venue de celle-ci en vous donnant des messages perceptibles par votre conscient (douleurs, nausée, fatigue ...) pour vous mettre en garde de manière sensible dans **l'aura appelée "aura de la matière".**

Enfin, l'aura générée par les gènes héréditaires, qui vous conditionne dans un engrenage répétitif, est appelée "Aura du karma héréditaire"

Il existe bien d'autres formes de génération d'aura, mais pour l'instant, je m'en tiendrai à celles-là.

Toutes ces fréquences auriques ne faisant qu'une, il est, bien entendu, difficile d'en dissocier les différents éléments constitutifs.

C'est pourquoi il est très difficile d'affirmer ou d'infirmer une traduction aurique humaine par des humains puisque ce que l'un peut percevoir, l'autre le percevra et l'interprétera différemment et inversement.

Mais attention :
Votre rayonnement aurique global généré par votre état et votre comportement général sera en partie responsable de votre relationnel.

Ce rayonnement aurique global peut s'assimiler au

"Champ de rayonnement existentiel"

Les polyèdres réguliers, irréguliers et la sphère

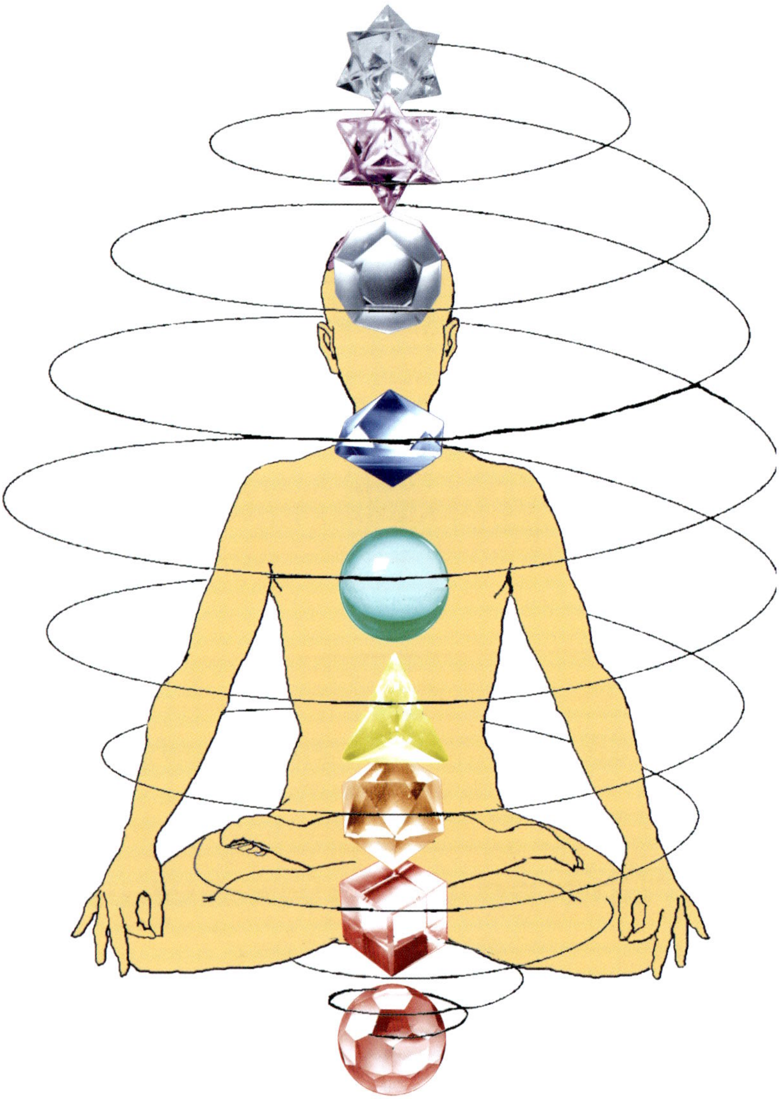

Un polyèdre régulier est traçable dans une sphère et toutes ses faces sont des polygones réguliers isométriques.

Le tétraèdre :

Il est composé de 4 faces qui sont des triangles équilatéraux. Il a 4 sommets et 6 arêtes. Il a 3 arêtes en chacun de ses sommets. Chez les grecs, **il était le symbole du feu.**

Placé à la région du nombril, au niveau significatif où la Divine Proportion partage la hauteur du corps, il renforce **le hara, le plexus solaire et facilite la force d'agir.**

Le cube :

Il est composé de 6 faces qui sont des carrés. Il a 8 sommets et 12 arêtes. Il a 3 arêtes en chacun de ses sommets.

Chez les grecs, il était le **symbole de la Terre,** représentant le plus dense, le plus pesant.

Il se situe au **chakra racine et facilite l'ancrage au sol.**

L'octaèdre :

Il est composé de 8 faces qui sont des triangles équilatéraux. Il a 6 sommets et 12 arêtes. Il a 4 arêtes en chacun de ses sommets. Chez les grecs, il était le **symbole de l'air.**

Polyèdre de l'air, siège de l'élément Ether, il est au larynx le passage du souffle porteur du verbe.

Chez l'être humain, celui-ci devrait être, idéalement, réservé au sacré.

De ce fait il régit **le chakra du laryngé et celui du Taluchakra. Il facilte la communication insconscient-conscient.**

Le dodécaèdre

Il est composé de 12 faces qui sont des pentagones réguliers. Il a 20 sommets et 30 arêtes. Il a 3 arêtes en chacun de ses sommets. Chez les grecs, il était le **symbole de l'univers.**

Synthèse du Tout, **il a sa place au centre frontal.**

Il est en lien avec les cinq sens extérieurs (l'ouïe, le toucher, la vue, le goût, l'odorat), en correspondance avec les centres de Force qui s'étagent sur la colonne vertébrale du haut vers le bas. Il est la manifestation évidente de la proportion, il confirme la Présence Divine dans toutes les fonctions de l'être vivant.

L'icosaèdre

Il est composé de 20 faces qui sont des triangles équilatéraux. Il a 12 sommets et 30 arêtes. Il a 5 arêtes en chacun de ses sommets. Chez les grecs, il était le **symbole de l'eau.**

L'élément liquide **est situé au-dessus du plexus sacré.**

Il symbolise la présence du code génétique dans la semence et dans l'ovule, code porteur de la proportion sacrée dans l'être humain.

Il facilite le rayonnement vers l'autre, ouvre la porte du vrai relationnel, **harmonise le chakra sacré.**

La sphère

Elle exprime au niveau du coeur la vibration de l'être en accord avec son "Moi" profond. **Elle permet le lien avec son divin intérieur.**

Le Merkaba

Polyèdre **d'air et de feu** par ces deux tétraèdres imbriqués, il rayonne au sommet du crâne, là où s'épanouit le centre coronal.
Il manifeste la transcendance de l'être.
La matière primordiale se fond et se transmue là, en la Présence Divine.
C'est ce qu'expriment les auréoles des saints personnages, les langues de feu apparues sur la tête des apôtres le jour de la descente du Saint-Esprit, de même que la couronne sur la tête du roi.

Le Merkaba étoilé

Polyèdre **d'air et de feu**, il symbolise le nombre 8, qui est celui de **l'équilibre cosmique** par les quatres directions cardinales, renforcées par les quatre directions intermédiaires, **permettant à l'être humain de créer son propre univers de pensées matérielles et spirituelles.**

Dans l'espace-temps linéaire et cyclique, il existe un autre polyèdre non régulier, **appelé "Ico-dodécaèdre" ou plus communément "Ballon de foot".**
Il associe douze pentagones à vingt hexagones.

Ce polyèdre, inventé par Léonard de Vinci donne un maximum de remplissage de la sphère.
On retrouve cette association des formes dans certaines bases de l'ADN.
Il régit **l'ensemble des chakras dits "Spirituels".** Cela justifie certainement l'égrégore générant l'engouement pour le sport national qu'est... le football.

Les douze forces vibratoires

Le jeu des douze forces vibratoires associé aux pierres et cristaux, aux souches énergétiques et aux polyèdres se compose de quatre-vingts cartes.

Les douze forces vibratoires
permettent de développer votre ressenti tout en vous donnant les clefs énergétiques pour les appliquer et les comprendre.

Les douze forces vibratoires développent vos chakras Spirituels, votre Aura et votre confiance en vous.

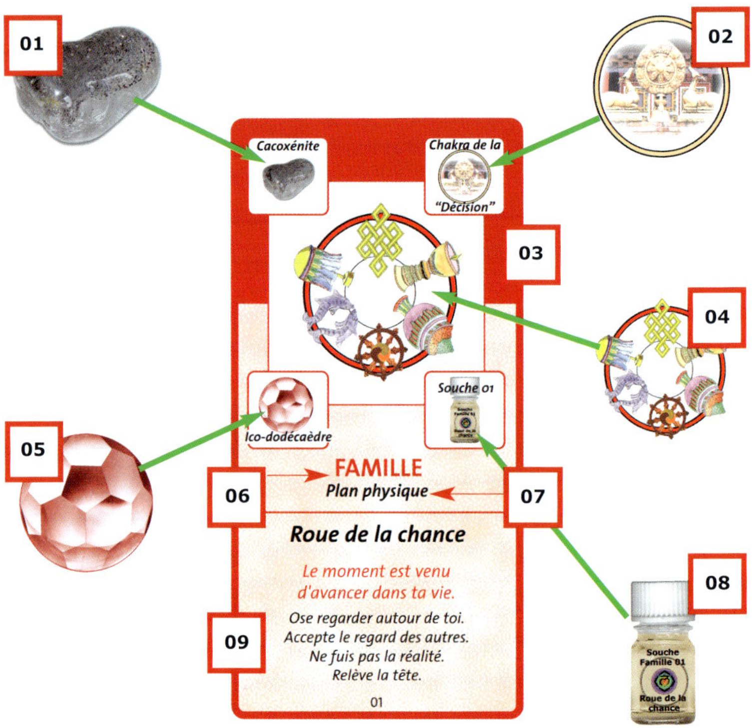
01
02
Cacoxénite
Chakra de la
"Décision"
03
04
Souche 01
05
Ico-dodécaèdre
FAMILLE
Plan physique
06
07
Roue de la chance
Le moment est venu
d'avancer dans ta vie.
Ose regarder autour de toi.
Accepte le regard des autres.
Ne fuis pas la réalité.
Relève la tête.
01
09
08
Souche
Famille 01
Roue de la
chance

Les Cartes

Chacune des quatre-vingts cartes nous indique, en fonction d'une demande :

- Une pierre. (01)
- Un chakra spirituel. (02)
- Une couleur. (03)
- Un symbole. (04)
- Un polyèdre. (05)
- Une "Lignée"*. (06)
- Un plan énergétique. (07)
- Une souche énergétique. (08)
- Une pensée. (09)

Chaque "Lignée" se compose de 5 à 12 cartes.

Les symboles.
Chacune des quatre-vingts cartes porte un symbole différent en lien étroit avec la catégorie de cartes à laquelle il appartient.

***Lignée.**
Agnation, alliance, arbre généalogique, ascendance, ascendants, branche, cognation, consanguinité, cousinage, degré, descendance, descendants, dynastie, extraction, filiation, fratrie, généalogie, génération, hérédité, lignage, ligne, ligne ascendante, maison, matriarcat, matrilignage, matrilinéarité, origine, parentage, parenté, parentèles, patriarcat, patrilignage, patrilinéarité, postérité, primogéniture, quartier (de noblesse), race, sang, souche.

Les quatre-vingts cartes se divisent en neuf "Lignées".

Chaque lignée est associée à cinq, neuf ou douze symboles, à neuf pierres et à un polyèdre régulier ou irrégulier dominant.

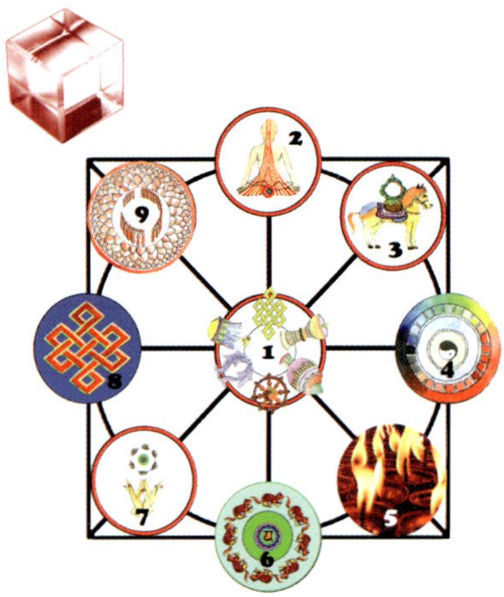

Famille

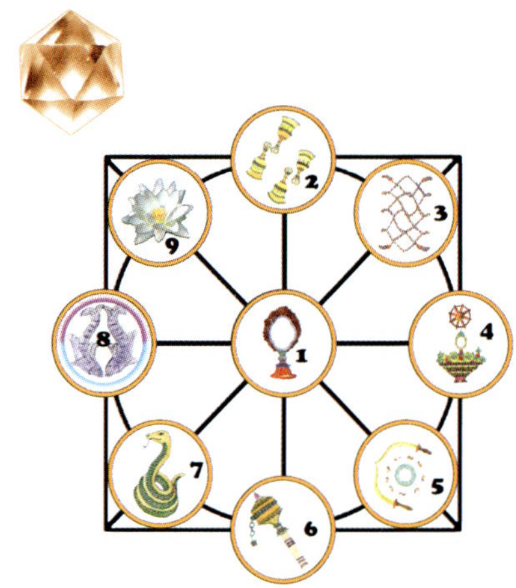

Instabilité

Voies multiples

Richesses

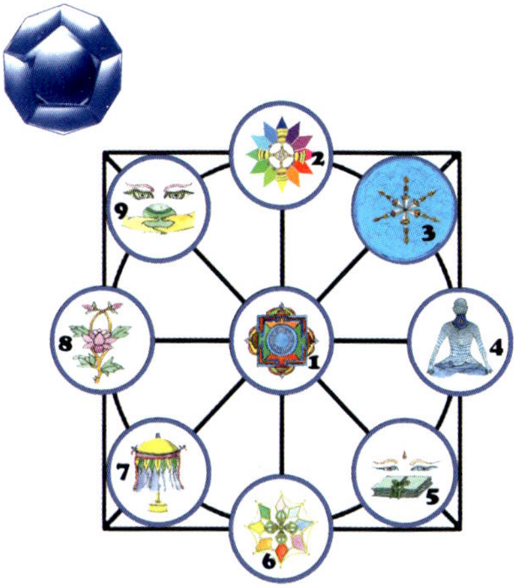

Intuitions

Sagesse

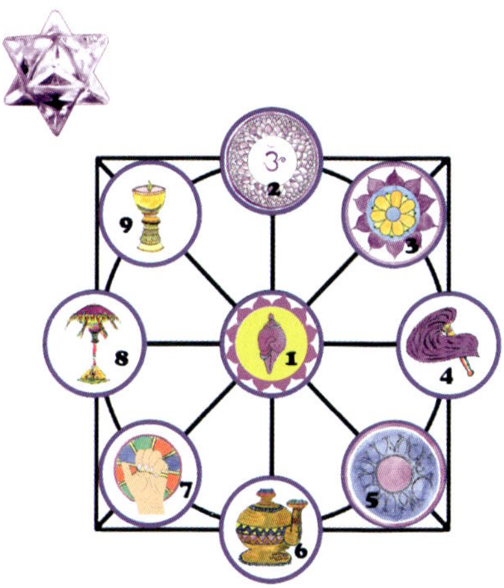

Spiritualité

Douze forces

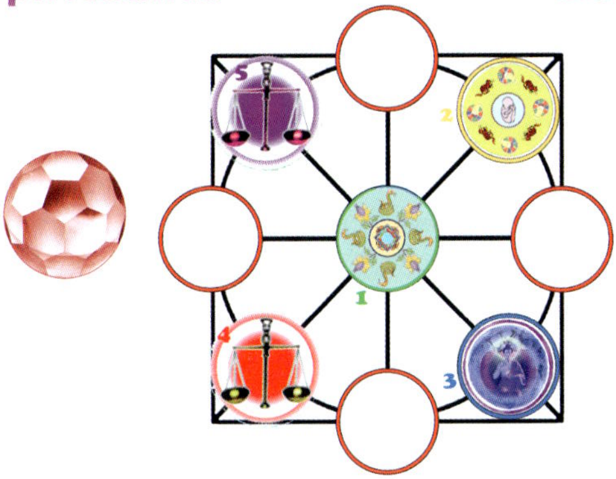

Jugement

1 - La lignée "Famille"

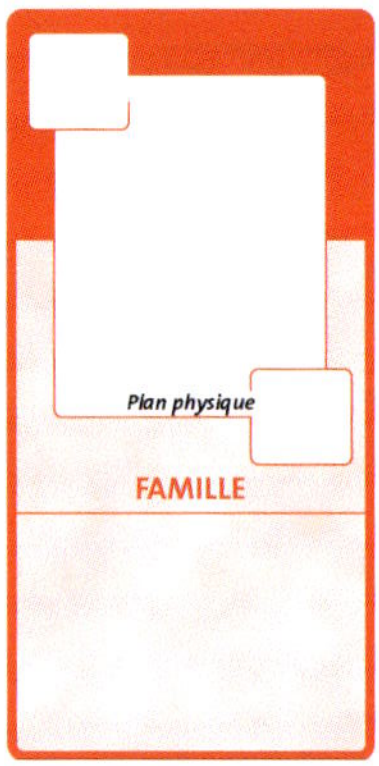

Cube

Chakra spirituel du "Chemin"

Couleur dominante rouge.

Composée de neuf cartes numérotées de 01 à 09.

Les neuf cartes de la lignée **"FAMILLE"** indiquent les besoins forts de rattachement au conscient, au concret, au réel et comment s'y rattacher.

Les neuf symboles de la lignée **"FAMILLE"** sont en lien direct avec la Terre, le chakra racine, le chakra spirituel du "Chemin" et le Solide de Platon "Cube".

Réflexion :

Tout être humain pour solidifier ses racines, doit prendre rapidement conscience que tout est éphémère.

Préserver son originel, sa personnalité et se respecter, est une preuve de force mais certainement pas de faiblesse.

Tout être humain **"01.Roue de la chance"** pour solidifier ses racines **"02.Racines"** doit prendre rapidement **"03.Rapidité"** conscience **"04.Prise de conscience"** que tout est éphémère **"05.Feu-Flammes"**. Préserver **"06.Gardiens"** son originel, sa personnalité et se respecter **"07.Pureté de cœur"** est une preuve de force, **"08.Le choix"** mais certainement pas de faiblesse **"09.Faiblesse"**.

Mandala énergétique.

Cercle de pierres de la lignée "Famille"

1. **Cacoxénite.**
2. **Jaspe rouge.**
3. **Fluorine terre.**
4. **Pétalite.**
5. **Silex.**
6. **Magnésite.**
7. **Dolomite.**
8. **Ulexite.**
9. **Œil de tigre.**

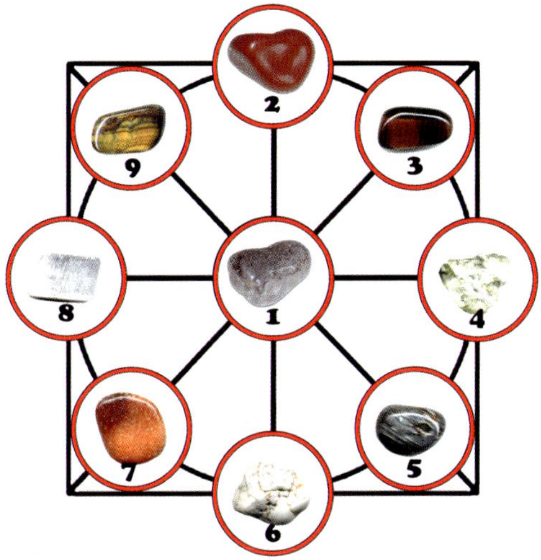

Ce mandala de pierres est composé par les neuf pierres représentées sur les neuf cartes de la lignée "Famille" **et le polyèdre régulier dominant le "Cube".**

Ce cercle de pierres génère force et énergie. Il facilite tout nouveau départ ou toute nouvelle création.

Ce mandala est conseillé en méditation en cas de nouveau départ ou de modification de projet.

Attention:
Si l'on utilise le cube, il est très important de respecter son emplacement.

2 - La lignée "Instabilité"

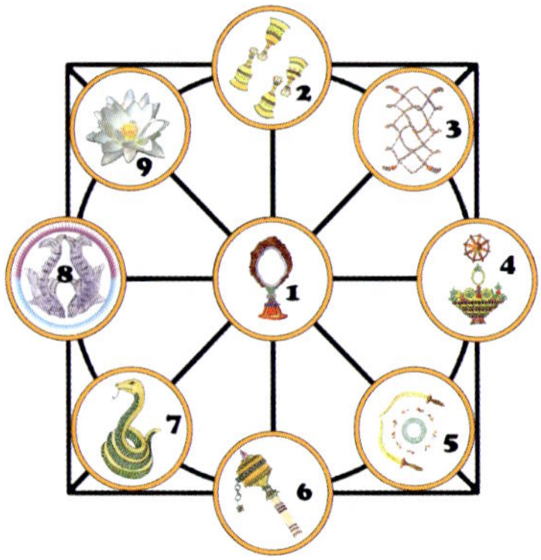

Icosaèdre

Chakra spirituel du "Respect"

Couleur dominante orange.

Composée de neuf cartes numérotées de 10 à 18.

Les neuf cartes de la lignée **"INSTABILITÉ"** indiquent les besoins de compréhension et de recherche de la vérité. Elles sont régies par les conséquences des actions effectuées consciemment, et indiquent un besoin de compréhension.

Les neuf symboles de la lignée **"INSTABILITÉ"** sont en lien direct avec l'eau, le chakra sacré, le chakra spirituel du "Respect" et le solide de Platon "Icosaèdre".

Réflexion :

Le reflet de mes actes est l'écho et le lien avec ce que je reçois. L'ignorer serait simple, mais entraînerait immanquablement un besoin de protection engendrant une dépense énergétique difficile à accepter et à gérer.

Le reflet de mes actes **"10.Reflet de la personnalité"** est l'écho **"11.Echo"** et le lien **"12.Liens"** avec ce que je reçois **"13.Engranger"**. L'ignorer **"14.Racine de l'ignorance"** serait simple **"15.Facilité, simplicité"** mais entraînerait immanquablement un besoin de protection **"16.Protection"** engendrant une dépense énergétique **"17.Double personnalité"** difficile à accepter et à gérer **"18.Accepter"**.

Mandala énergétique.

Cercle de pierres de la lignée "Instabilité"

1. **Lépidolite.**
2. **Chrysoprase.**
3. **Pyrite.**
4. **Fluorine arc-en-ciel.**
5. **Fluorine violette.**
6. **Bois fossilisé.**
7. **Cristal de sel.**
8. **Calcite bleue.**
9. **Œil de fer.**

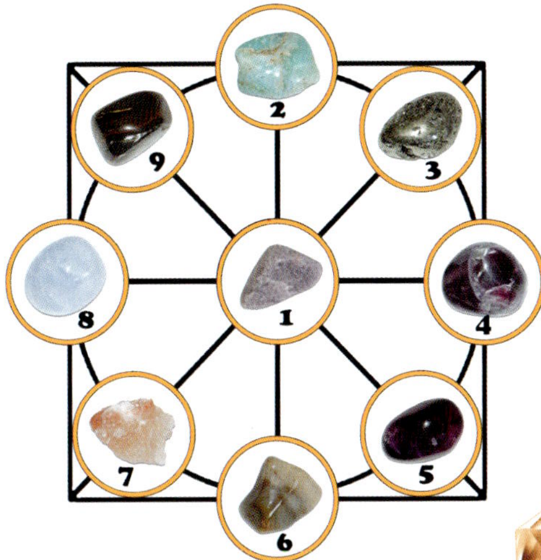

Ce mandala de pierres est composé par les neuf pierres représentées sur les neuf cartes de la lignée "Instabilité" **et le polyèdre régulier dominant "l'Icosaèdre"**.

Ce cercle de pierres agit sur chaque décision entraînant "respect et choix".
Il favorise la clarté du "pourquoi" de ce choix.
Il facilite l'application respectueuse de ce dernier.

Ce mandala est conseillé en méditation avant chaque prise de décision importante.

Attention:
Si l'on utilise " l'Icosaèdre", il est très important de respecter son emplacement.

3 - La lignée "Voies multiples"

Tétraèdre

Chakra spirituel du "Rayonnement"

Couleur dominante jaune.

Composée de neuf cartes numérotées de 19 à 27.

Les neuf cartes de la lignée **"VOIES MULTIPLES"** indiquent un besoin d'action.
Elles sont directement associées au développement du moi personnel dans la mesure où elles sont liées au processus d'expression et de rayonnement de l'identité.

Les neuf symboles de la lignée **"VOIES MULTIPLES"** sont en lien direct avec le feu, le chakra du plexus solaire, le chakra spirituel du "Rayonnement" et le solide de Platon "Tétraèdre".

Réflexion :

Agir dans son chemin assure la réussite grâce au renouveau de la connaissance. S'autoriser ce long chemin est la solution pour éviter la répétition et, de ce fait, avoir le dessus pour affirmer ou infirmer sa position.

Agir **"19.Agir"** dans son chemin **"20.Chemin"** assure la réussite **"21.Réussite"** grâce au renouveau continu **"22.Renouveau"** de la connaissance **"23.La reconnaissance"**.
S'autoriser ce long chemin **"24.Le long chemin"** est la solution **"25. La solution"** pour éviter la répétition **"26.La répétition"** et de ce fait, avoir le dessus **"27.Avoir le dessus"** pour affirmer ou infirmer sa position.

Mandala énergétique.

Cercle de pierres de la lignée "Voies multiples"

1. **Fluorine bleue.**
2. **Hématite.**
3. **Apatite.**
4. **Jais.**
5. **Mahagonite.**
6. **Jaspe dalmatien.**
7. **Tourmaline melon d'eau.**
8. **Agate mousse.**
9. **Chalcopyrite.**

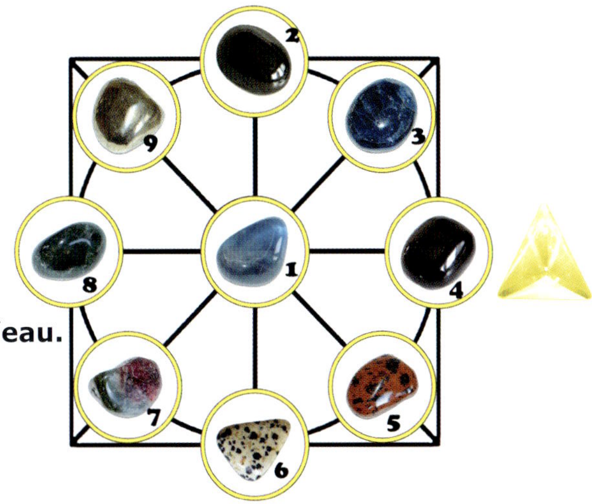

Ce mandala de pierres est composé par les neuf pierres représentées sur les neuf cartes de la lignée "Voies multiples" **et le polyèdre régulier dominant le "Tétraèdre"**.

Ce cercle de pierres permet de se relier aux énergies de besoin du moment.
Il favorise la circulation énergétique éthérique.
Il facilite la projection dans le futur.

Ce mandala est conseillé en méditation en cas de perte de confiance, de doute ou d'indécision.

Attention:
Si l'on utilise "le Tétraèdre", il est très important de respecter son emplacement.

4 - La lignée "Richesses"

Sphère

Chakra spirituel du "Moi"

Couleur dominante verte.

Composée de neuf cartes numérotées de 28 à 36.

Les neuf cartes de la lignée **"RICHESSES"** indiquent un besoin de liberté pour demeurer dans son équilibre intérieur.
Elles permettent à la conscience d'amorcer un long processus d'ouverture à l'autre.

Les neuf symboles de la lignée **"RICHESSES"** sont en lien direct avec le bois, le chakra cardiaque associé au "Mana chakra", le "Chakra spirituel du Moi" et la Sphère.

Réflexion :

Comprendre permet de sortir de l'emprisonnement de l'ignorance, autorisant la créativité tout en permettant l'équilibre mental. Ne pas chercher à comprendre, être charmé par l'oisiveté entraîne une perte de confiance. Dans ce cas, seule une grande volonté, un grand sursaut volontaire personnel permet de rebondir, de reprendre confiance en soi.

Comprendre **"28.Compréhension"** permet de sortir de l'emprisonnement de l'ignorance **"29.Emprisonnement"** autorisant la créativité **"30.Créativité"** tout en permettant l'équilibre mental **"31.Equilibre"**. Ne pas chercher à comprendre, être charmé par l'oisiveté **"32.Le charme"** entraîne une perte de confiance **"33.Recherche de l'équilibre"**. Dans ce cas, seule une grande volonté, **"34.L'effort surhumain"** un grand sursaut volontaire personnel **"35.Recherche des forces"** permet de rebondir, de reprendre confiance en soi **"36.Richesses matérielle et spirituelle"**.

Mandala énergétique.

Cercle de pierres de la lignée "Richesses"

1. **New jade - Serpentine.**
2. **Quartz neige.**
3. **Cuivre.**
4. **Turquoise.**
5. **Gorgone.**
6. **Tourmaline verte.**
7. **Quartz rutile.**
8. **Calcite miel.**
9. **Fluorine verte.**

Ce mandala de pierres est composé par les neuf pierres représentées sur les neuf cartes de la lignée "Richesses" **et la "Sphère".**

Ce cercle de pierres permet de se relier au "Moi profond", permettant l'individualité.

Ce cercle de pierres est conseillé en méditation pour se retrouver au centre de "soi", de son "divin", pour rebondir.

Attention:
Si l'on utilise "la Sphère", il est très important de respecter son emplacement.

5 - La lignée "Intuitions"

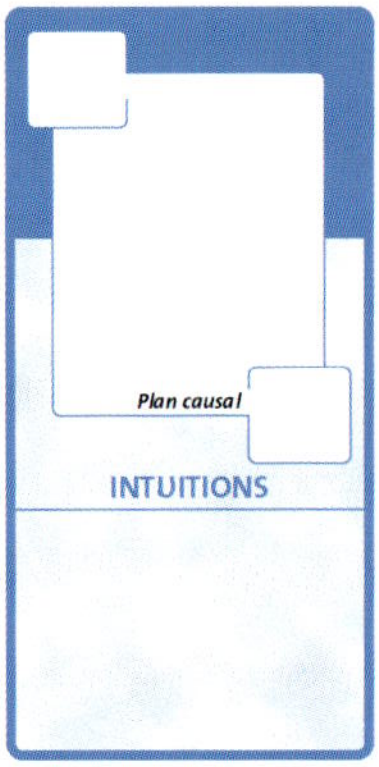

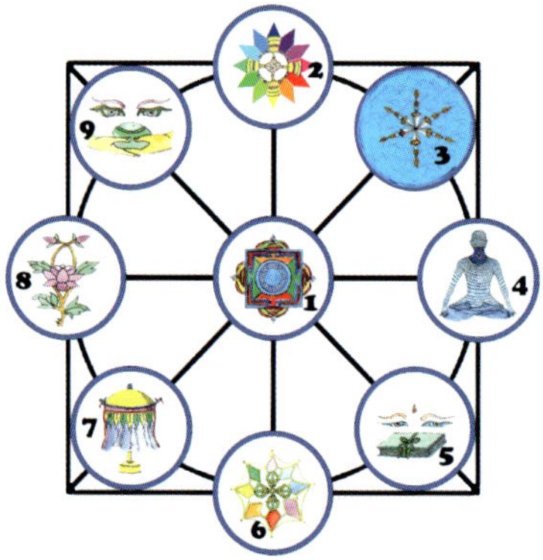

Dodécaèdre

Chakra spirituel de "l'Harmonie"

Couleur dominante bleue.

Composée de neuf cartes numérotées de 37 à 45.

Les neuf cartes de la lignée **"INTUITIONS"** indiquent à la conscience un besoin d'amorcer un processus d'écoute et d'échange avec l'autre. Elles sont directement associées au désir de communication, en vue d'établir un rapport d'échange basé sur la confiance, l'authenticité et l'intégrité.

Les neuf symboles de la lignée **"INTUITIONS"** sont en lien direct avec l'éther, le chakra laryngé, le chakra spirituel de "l'Harmonie" et le solide de Platon "Dodécaèdre".

Réflexion :

Mon libre arbitre, dans ma façon d'entendre, de voir et de découvrir avec sagesse, me permettra d'évoluer dans le temps vers l'aboutissement de mon équilibre intérieur.

Mon libre arbitre **"37.Libre arbitre"** dans ma façon d'entendre, **"38.Entendre"** de voir **"39.Vision pénétrante"** et de découvrir **"40.Découvertes"** avec sagesse **"41.Erudition de la sagesse"**, me permettra d'évoluer **"42.Evoluer"** dans le temps **"44.Le temps"** vers l'aboutissement **"43.Aboutissement"** de mon équilibre intérieur **"45.Equilibre intérieur"**.

Mandala énergétique.

Cercle de pierres de la lignée "Intuitions"

1. **Rhodochrosite.**
2. **Galène.**
3. **Labradorite.**
4. **Larvikite.**
5. **Cyanite.**
6. **Tourmaline noire.**
7. **Béryl-Héliodore.**
8. **Sodalite.**
9. **Jade Néphrite.**

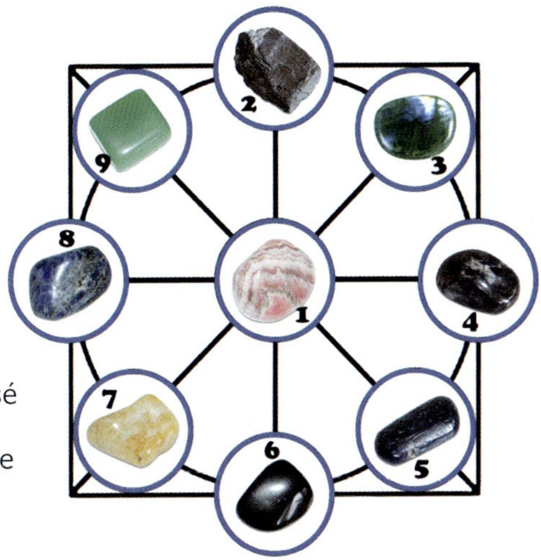

Ce mandala de pierres est composé par les neuf pierres représentées sur les neuf cartes de la lignée "Intuitions" **et le polyèdre régulier dominant le "Dodécaèdre"**.

Ce cercle de pierres permet de prendre conscience de l'importance de parler ou de se taire.

Ce cercle de pierres est conseillé en méditation pour toutes les personnes désirant dépasser leur peur des autres.

Attention:
Si l'on utilise "le Dodécaèdre", il est très important de respecter son emplacement.

6 - La lignée "Sagesse"

Octaèdre

Chakra spirituel du "Choix"

Couleur dominante bleu ciel.

Composée de neuf cartes numérotées de 46 à 54.

Les neuf cartes de la lignée **"SAGESSE" indiquent un besoin d'utiliser à bon escient les perceptions intuitives.**
Elles permettent de rayonner une énergie prodigieuse qui acquiert un caractère universel en contribuant à la libération de tous les ressentis.

Les neuf symboles de la lignée **"SAGESSE"** sont en lien direct avec l'air, le chakra frontal, le chakra spirituel du "Choix" et le solide de Platon "Octaèdre".

Réflexion :

La connaissance permet de prendre conscience, dans le calme et la tranquillité, que l'on peut dépasser les difficultés. Cet enseignement autorise, dans le respect de soi et d'autrui, à prendre le temps de consulter son inconscient pour faire le point et d'y voir clair.

La connaissance **"46.Connaissance"** permet de prendre conscience **"47.Prendre conscience"**, dans le calme et la tranquillité **"48.Calme et tranquillité"**, que l'on peut dépasser les difficultés **"49.Dépassement des difficultés"**.
Cet enseignement **"50.Enseigner"** autorise, dans le respect de soi et d'autrui **"51.Respect"**, à prendre le temps de consulter **"52.Consulter"** son inconscient **"53.Clairvoyance"** pour faire le point **"54.Triple perception"**.

Mandala énergétique.

Cercle de pierres de la lignée "Sagesse"

1. **Calcédoine.**
2. **Malachite.**
3. **Andalousite.**
4. **Cornaline.**
5. **Améthyste.**
6. **Aigue-marine.**
7. **Péridot.**
8. **Azurite.**
9. **Oeil céleste.**

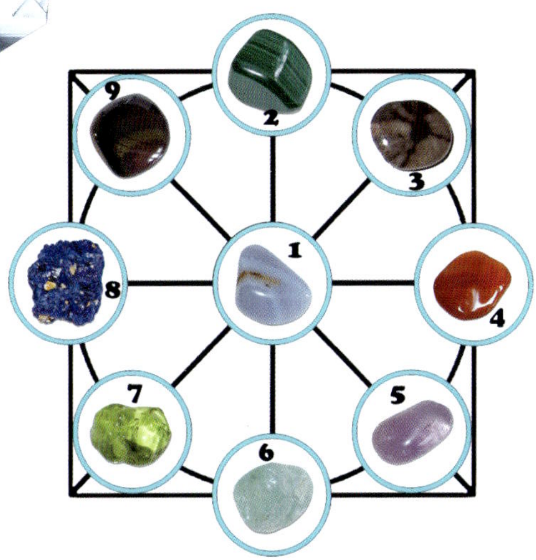

Ce mandala de pierres est composé par les neuf pierres représentées sur les neuf cartes de la lignée "Sagesse" **et le polyèdre régulier dominant "l'Octaèdre"**.

Ce cercle de pierres permet de développer la perception et l'intuition.

Ce cercle de pierres est conseillé en méditation pour toutes les personnes ayant fait le choix de se rappeler des messages inconscients.

Attention:
Si l'on utilise "l'Octaèdre", il est très important de respecter son emplacement.

7 - La lignée "Spiritualité"

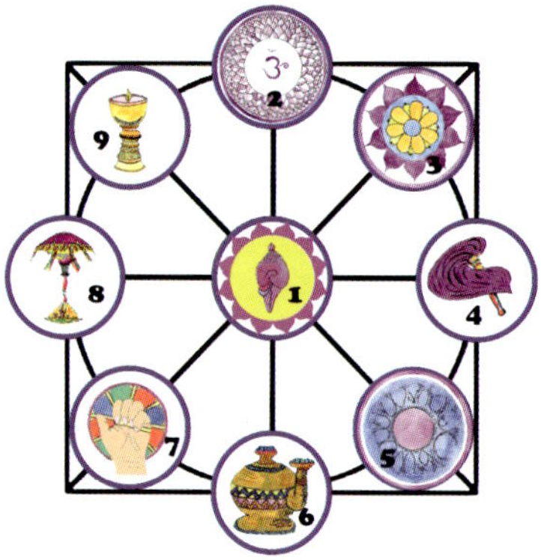

Merkaba

Chakra spirituel de "l'Amour"

Couleur dominante violette.

Composée de neuf cartes numérotées de 55 à 63.

Les neuf cartes de la lignée **"SPIRITUALITÉ"** indiquent de faire la part des choses pour maintenir l'équilibre entre le terrestre et le céleste. Elles sont les garantes de la relation "conscient – inconscient". Tout ce que nous faisons consciemment ouvre la porte de l'inconscient. Tout ce que nous recevons inconsciemment doit être utilisé consciemment.
Les neuf symboles de la lignée **"SPIRITUALITÉ"** sont en lien direct avec le céleste, le chakra coronal, le chakra spirituel de "l'Amour" et le "Merkaba".

Réflexion :

L'écoute de l'énergie du monde subtil permet la claire audience. La supériorité n'a jamais été le fondement de la pureté. Protéger les acquis sans les transmettre empêche l'avancée.

L'écoute **"55.Ecoute"** de l'énergie du monde subtil "**56.Energie du monde subtil "** permet la claire audience **"57.Claire audience"**.
La supériorité **"58.Supériorité"** n'a jamais été le fondement **"59.Fondement"** de la pureté **"60.La pureté"**.
Protéger les acquis **"61.Protection des acquis"** sans les transmettre **"62.Transmettre"** empêche l'avancée **"63.Recherche"**.

Mandala énergétique.

Cercle de pierres de la lignée "Spiritualité"

1. **Pierre de Soleil.**
2. **Pierre de Lune.**
3. **Howlite.**
4. **Héliotrope.**
5. **Quartz tourmaline.**
6. **Quartz roulé.**
7. **Grenat.**
8. **Amétrine.**
9. **Lapis-Lazuli.**

Ce mandala de pierres est composé par les neuf pierres représentées sur les neuf cartes de la lignée "Spiritualité" **et le polyèdre irrégulier dominant le "Merkaba"**.

Ce cercle de pierres incite à rester vrai, à ne faire qu'un entre le conscient et l'inconscient.

Ce cercle de pierres est conseillé en méditation pour toutes les personnes désirant faire le point sur leur avancée.

Attention:
Si l'on utilise "le Merkaba", il est très important de respecter son emplacement.

8 - La lignée "Douze forces"

Ico-dodécaèdre

Chakra spirituel de la "Décision"

Couleur dominante rose.

Composée de douze cartes majeures numérotées de 64 à 75. A elles seules, elles représentent les douze pentagrammes du dodécaèdre. Ces douze cartes, hormis leurs significations individuelles, vous conseilleront dans les réponses à une question précise.

Ces douze cartes sont majeures, parce qu'elles découlent de notre créativité, de notre imaginaire. Les douze symboles de la lignée **"DOUZE FORCES"** sont en lien direct avec le DIVIN, le "Chakra transpersonnel dans l'univers", le chakra spirituel de la "Décision" et le polyèdre irrégulier "Ico-dodécaèdre".

Réflexion :

Agir demande une énergie neutre et sincère, en toute connaissance de cause, afin de voir et d'être intuitif, en accord avec notre "Moi intérieur". Le chemin du rayonnement harmonieux nous conduit vers l'Amour et le Bonheur.

Agir **(64.Relationnel)** demande une énergie **(65.Energie)** neutre et sincère **(66.Compassion)**, en toute connaissance de cause**(67.Connaissance parfaite)**, afin de voir, **(68.La vue)** et d'être intuitif, **(69.Coronal)** en accord avec notre "Moi intérieur" **(70.Nirvana)**. Le chemin **(71.La Voie)** du rayonnement **(72.Rayonnement)** harmonieux **(73.L'Harmonie)** nous conduit vers l'Amour **(74.Amour)** et le Bonheur **(75.Bonheur)**.

Mandala énergétique.

Cercle de pierres de la lignée "Douze forces"

1. Calcite orange.
2. Ambre.
3. Quartz fumé.
4. Aventurine.
5. Shiva-lingam.
6. Tourmaline biseautée.
7. Larme d'Apache.
8. Rubis brut.
9. Sugilite.
10. Quartz rose.
11. Rhodonite.
12. Grenat vert.

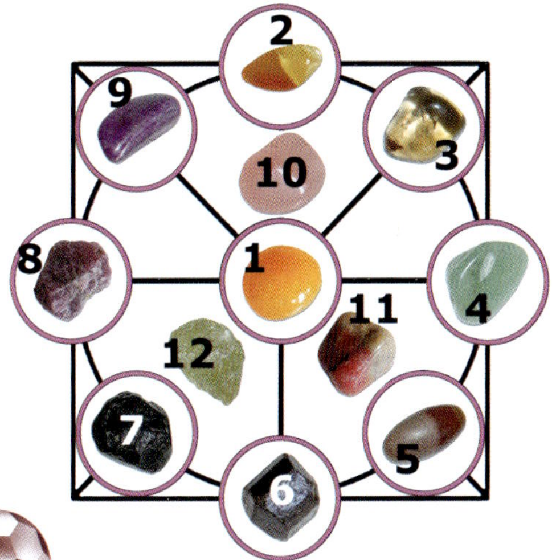

Ce mandala de pierres est composé par les douze pierres représentées sur les douze cartes de la lignée "Douze forces" **et le polyèdre irrégulier dominant "l'Ico-dodécaèdre"**.

Ce cercle de pierres relie psychologiquement et spirituellement, par le nombre de pierres, aux douze forces vibratoires.

Ce cercle de pierres est conseillé en méditation pour toutes les personnes ayant décidé d'avancer spirituellement.
Il permet de rallier le "Moi" intérieur pour rejoindre le divin.

Attention:
Si l'on utilise "l'Ico-dodécaèdre", il est très important de respecter son emplacement.

9 - La lignée "Jugement"

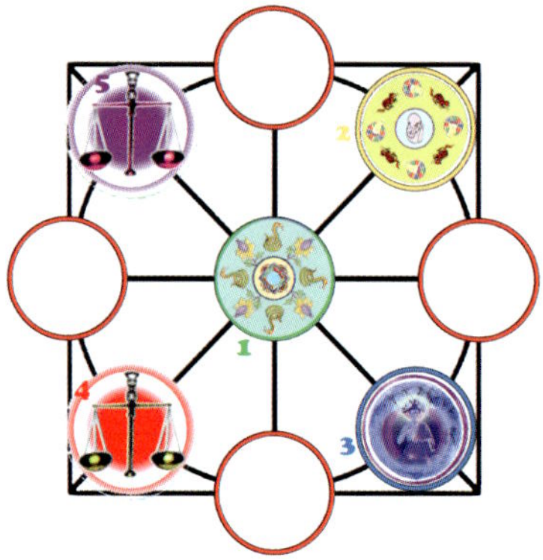

Merkaba étoilé

Chakra spirituel du "Bonheur"

Couleurs dominantes "verte-jaune-bleue-rouge-violette".

Composée de cinq cartes numérotées de 76 à 80.
Elles confirment ou infirment la traduction de la prémonition.
Les cinq symboles de la lignée **"Jugement"** sont en lien direct avec l'ensemble des énergies terrestres et célestes, le chakra spirituel du "Bonheur" et le polyèdre irrégulier du "Merkaba étoilé".

Réflexion : Les cinq cartes de la lignée du "Jugement" nous amènent à nous remettre en question tant sur le plan physique que mental et spirituel.

- Le jugement de **"L'imparfait"** **(76.L'Imparfait)** nous conduit vers une remise en question de notre avancée terrestre ou spirituelle.
- Le jugement **"Foetal"** **(76.Foetal)** nous demande un retour vers notre vie foetale afin d'y ranger les hérédités et les émotions transmises par nos géniteurs.
- Le jugement **"Conscience"** **(78.Conscience)** attire notre attention sur tout ce que nous faisons en désaccord avec notre "Moi intérieur", nous amenant à ne plus nous respecter.
- Le jugement de **"L'Equilibre terrestre"(79.Equilibre terrestre)** nous oblige à faire le point sur notre avancée terrestre afin de refléchir au positif mais aussi au négatif de cette avancée pour, le cas échéant, y remédier.
- Le jugement de **"L'Equilibre spirituel"** **(80.Equilibre spirituel)** nous conseille de redescendre sur terre pour mieux faire le point sur notre spiritualité.

Mandala énergétique.

Cercle de pierres de la lignée "Jugement"

1. Morganite.
2. Quartz de Herkimer.
3. Célestine.
4. Magnétite.
5. Mangano.

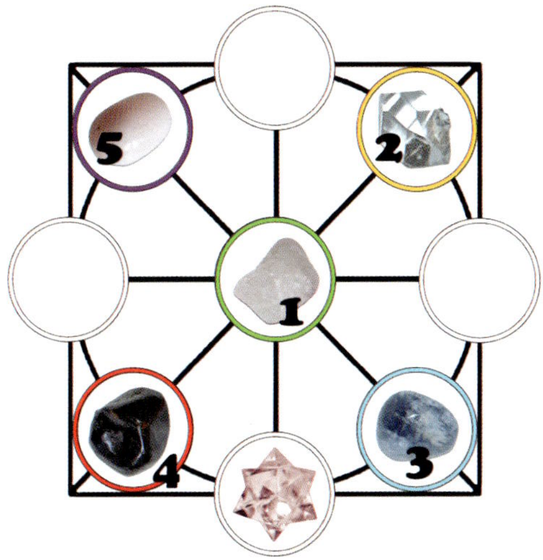

Ce mandala de pierres est composé par les cinq pierres représentées sur les neuf cartes de la lignée "Jugement" **et le polyèdre irrégulier dominant le "Merkaba étoilé"**.

Ce cercle de pierres incite à rester vrai dans les jugements.

Ce cercle de pierres est conseillé en méditation pour toutes les personnes devant porter un jugement décisionnel tant à titre personnel que collectif.

Attention:
Si l'on utilise "le Merkaba étoilé", il est très important de respecter son emplacement.

Avertissement

Les conseils donnés ne sont là que pour vous faire comprendre les possibilités d'utilisation des pierres et des cristaux concernés.

Rien n'est figé.

Comme votre instituteur à l'école qui vous a appris l'alphabet pour évoluer, **ces conseils** vous feront évoluer en utilisant **à bon escient** les possibilités énergétiques et psychologiques des pierres et des cristaux.

Ces conseils vous sont donnés sous forme soit d'exercices, soit de pensées à méditer.
Pour certains cas, je vous laisse le choix dans le positionnement des pierres selon votre ressenti.

N'oubliez jamais que ce qui est vrai et possible pour l'un est, dans les mêmes conditions, impossible pour l'autre.

De ce fait, personne ne peut parler ou affirmer pour l'autre.

De Coubertin disait : "l'important est de participer..."

Je pourrais très bien rajouter :

"Seul votre résultat personnel compte, peu importe la forme ou les moyens."

1 - Les neuf cartes de la lignée "Famille"

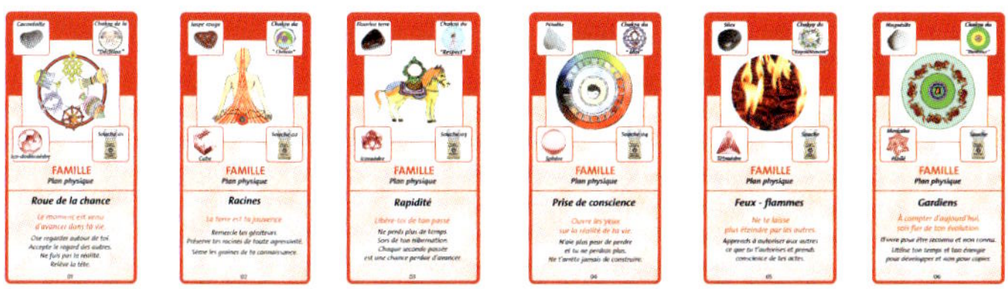

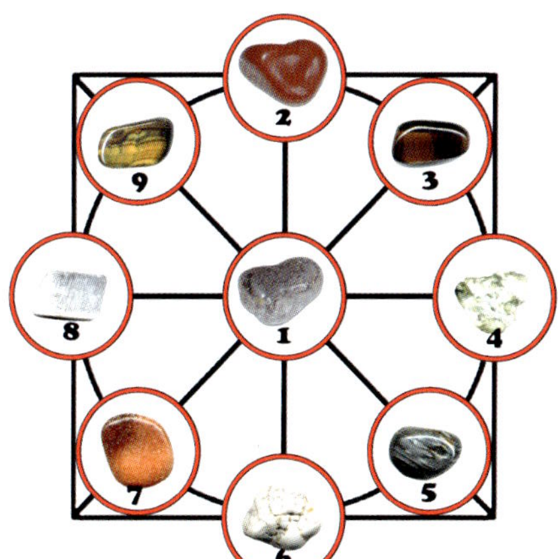

01 Roue de la chance

Ce symbole représente l'importance d'avancer dans sa vie. Symbole du Soi qui permet l'accès à une évolution intellectuelle, mentale, morale, psychologique ou spirituelle, il signifie que le moment est venu d'oser avancer dans sa vie en se donnant le droit à la réussite.

Symbolique :

Le cercle imparfait de la roue de la chance met en garde : tout n'est peut-être pas aussi parfait qu'on pourrait le penser.
Une fragile ombrelle, telle un coup de chance, procure un abri éphémère, un moment de répit.
Les poissons, figés dans un espace-temps, semblent attendre de la roue une direction à prendre. Le calice de diamant qui renferme les trésors du passé, ne doit pas éteindre la flamme du futur qui permet d'avancer et de ne pas répéter les cycles du ruban sans fin.

Interrogations :
- Quel vrai bonheur enfoui au fond de toi voudrais-tu connaître ?
- Quel sentiment profond t'empêche d'avancer dans ta vie ?
- Quels événements de ta vie rongent ton cœur ?

Pensées :
- Le moment est venu d'avancer dans ta vie. Ose regarder autour de toi.
- Accepte le regard des autres. Ne fuis pas la réalité.
- Relève la tête.

Conseils :
- Accepte ton passé comme des épreuves de ton chemin de vie.
- Projette-toi dans le futur proche en te créant des objectifs simples et réalisables à court terme.

Pierre d'action	Pierre complémentaire	Solide de Platon	Chakra Spirituel

Cacoxénite	Quartz rose	Ico-dodécaèdre	Décision

Plan Causal

La Cacoxénite et le Quartz rose en plus de toutes leurs qualités, associées au solide de Platon **"Ico-dodécaèdre"** permettent d'agir sur l'aura causale, en reliant le chakra du "Transpersonnel dans l'univers" à son opposé, le chakra de "Terre".

Exercice :
Allongez-vous, à 30 cm au dessus de votre tête, disposez **un Quartz rose,** et à la même distance des pieds une **Cacoxénite.**

A la hauteur des doigts de la main gauche, positionnez **l'Ico-dodécaèdre** (de préférence en Jaspe rouge).

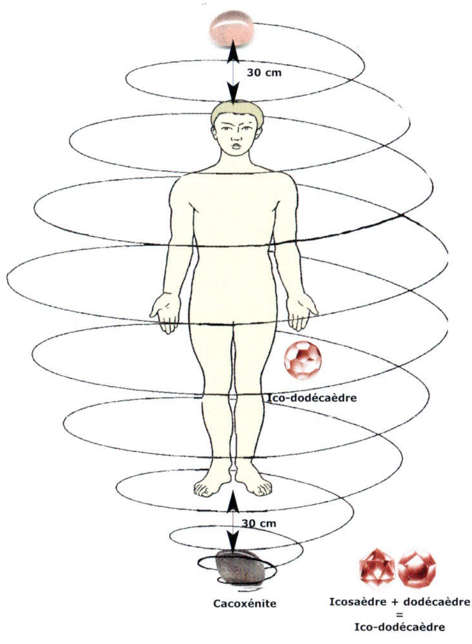

Méditation :

Quel désir secret refoules-tu ?

Cette exercice permet un agrandissement du champ de rayonnement Causal.

02 Racines

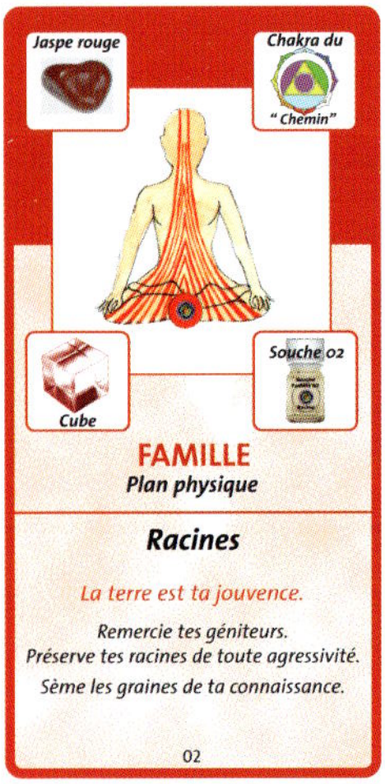

Ce symbole représente la sagesse de récolter les énergies du céleste emmagasinées sur la terre.
Il nous indique que nous pouvons trouver notre spiritualité sur terre sans aller bien loin pour la chercher. En lien avec le chakra racine, il nous conseille en conscience, de nous focaliser sur la dimension corporelle de l'être.
En agissant sur les causes pouvant déstabiliser ce chakra, il nous guide vers l'origine de certaines angoisses existentielles profondes.

Symbolique :

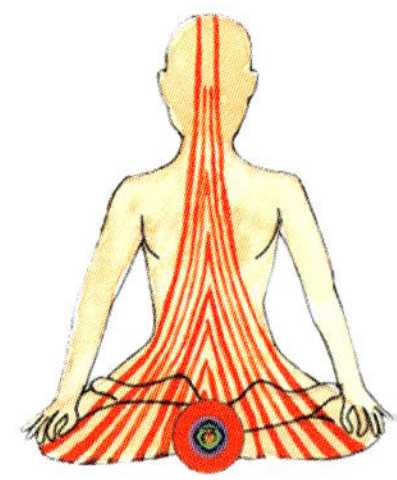

Un homme assis en tailleur, dont les membres inférieurs sont en contact avec le sol, puise l'énergie terrestre pour la transmettre à tout son corps, n'en laissant qu'une petite partie pour le chakra coronal.
Ses mains, également au contact du sol, assurent deux supports stables.
L'une prend, l'autre donne, avec équité.

Interrogations :

- Comment et à qui distribues-tu tes acquis ?
- Quelle valeur donnes-tu à ce que tu transmets ?
- Pour quelle raison le fais-tu ?

Pensées :

- La Terre est ta jouvence.
- Remercie tes géniteurs.
- Préserve tes racines de toute agressivité.
- Sème les graines de ta connaissance.

Conseils :

- Réfléchis au **pourquoi** tu donnes tes acquis, à **qui** tu les donnes et **comment** ils vont être utilisés.
- Avant de donner, conserve toujours un minimum vital qui te permette de continuer à donner.

Pierre d'action	Pierre complémentaire	Solide de Platon	Chakra Spirituel
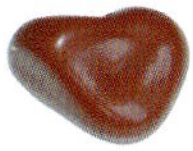			
Jaspe rouge	**Hématite**	**Cube**	**Chemin**

Chakra du Point Terrestre

Symbolisant les racines de l'être humain, le chakra du point terrestre permet une cohérence constructive.

Exercice :
Asseyez-vous confortablement sur une chaise.

Ecartez légèrement les pieds (espacés de la largeur de votre poing).

Placez derrière, au milieu de vos pieds, **la Jaspe rouge (1).**

Placez à l'avant, toujours au milieu des deux talons, **l'Hématite (2).**
Positionnez ensuite **le Cube (3),** de préférence en Jaspe rouge, entre les deux pieds et entre les deux autres pierres.

Restez dans cette posture méditative de 3 à 5 minutes.

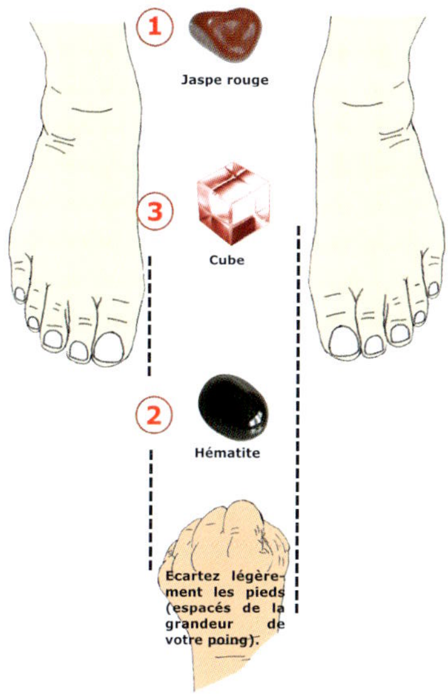

Vous pouvez, pendant ce temps, réfléchir sur la méditation proposée ou sur tout sujet vous permettant d'avancer dans votre vie

Méditation :

Remercie tes géniteurs de t'avoir permis de remplir ta mission sur terre en te mettant au monde.

Cet exercice améliore l'enracinement au sol tout en développant les liens célestes.

03 Rapidité

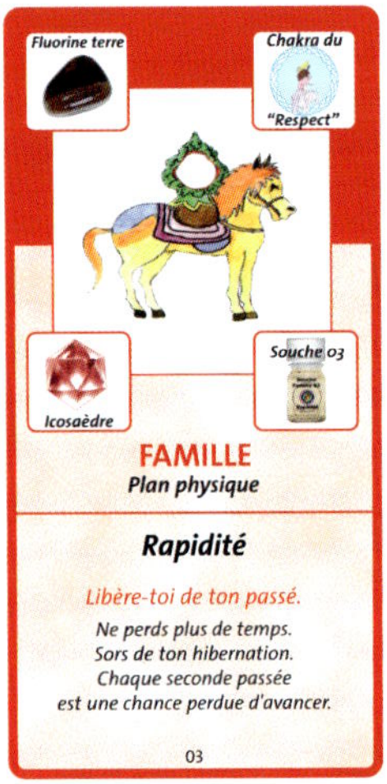

Ce symbole représente la sagesse du temps.
Il nous indique qu'avant de nous élancer dans le futur, il faut avoir la force de pouvoir regarder les événements du passé comme dans un grand miroir, afin de les ranger.
Il nous indique également le besoin de construire ou de renforcer rapidement nos fondations.

Symbolique :

Un cheval fier, guidé et retenu par le miroir du passé, attend patiemment, ses oreilles dressées, l'ordre de s'élancer vers le renouveau.
Une feuille de sauge de couleur verte pend le long de son thorax, le protégeant de tous les dangers.
La selle repose sur une couverture violette, indiquant un support spirituel important.

Interrogations :

- Qu'est-ce qui te freine dans ta vie ?
- Pour quelles raisons as-tu peur d'avancer, de construire, de créer ?
- Quel reflet de ton enfance te fige et te fait perdre confiance en toi ?

Pensées :

- Libère-toi de ton passé.
- Ne perds plus de temps.
- Sors de ton hibernation.
- Chaque seconde passée est une chance perdue d'avancer.

Conseils :

- Pour croire en toi, récapitule le plus de réalisations positives de ta vie.
- Lie et relie ces actions qui, consciemment, te prouveront tes capacités de réussite.
- Ose te projeter dans le futur.

Pierre d'action	Pierre complémentaire	Solide de Platon	Chakra Spirituel

Fluorine terre	Cyanite	Icosaèdre	Respect

Refoulements intérieurs

Vous êtes corps et esprit.

Toutes vos émotions sont inscrites dans votre corps physique.

Tout ce qui arrive à votre corps affecte votre mental.

Exercice :

Prenez dans la main gauche **une Fluorine terre (1).**

Prenez dans la main droite **une Cyanite (2).**

Placez **un Icosaèdre (3)** au chakra du point terrestre.

Dites à haute voix tous vos refoulements intérieurs pour les expulser de votre corps.

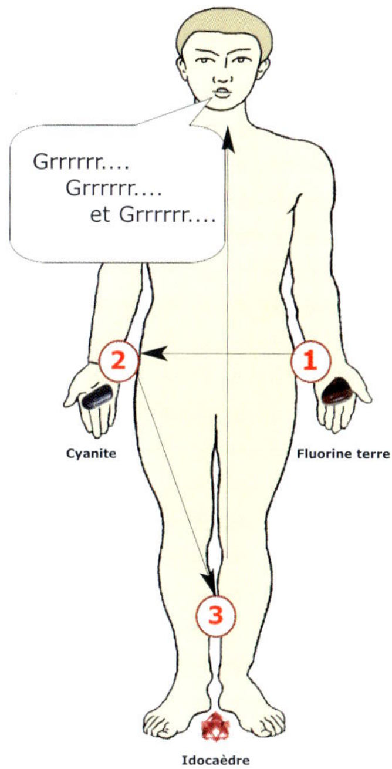

Méditation :

Qu'es-tu capable de réussir à court terme ?

Active les centres énergétiques des mains, du chakra du point terrestre et celui du laryngé.

04 Prise de conscience

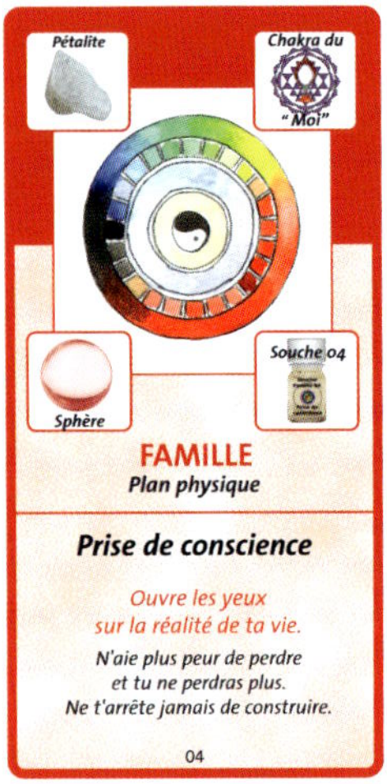

Ce symbole représente le passage du jour à la nuit, du clair à l'obscur.
Il nous indique le besoin de prévoir la quantité de lumière nécessaire pour ne pas tomber dans l'obscurité durant la nuit.
Il nous fait prendre conscience que notre vie est faite de périodes claires, mais aussi de périodes sombres.

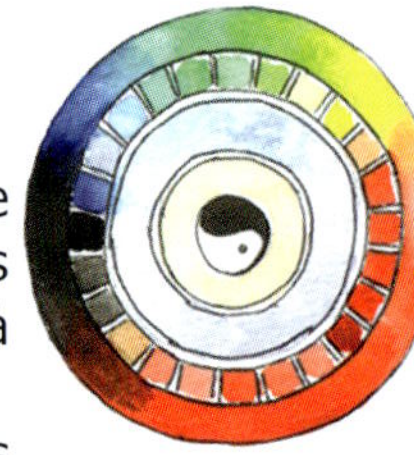

Symbolique :

Vingt-quatre segments composés de vingt-quatre couleurs différentes représentent ce passage du clair à l'obscur.
Ces segments représentent aussi les vingt-quatre heures de la journée.
Ils avertissent de l'éphémère de la roue de la vie, attirant notre attention sur la relativité des acquis.

Interrogations :

- Quelle est, pour toi, la plus grande perte que tu pourrais avoir ?
- Quel intérêt portes-tu aux biens matériels ?
- Comment réagirais-tu si, du jour au lendemain, tu perdais tous tes acquis ?
- Que fais-tu pour conserver tes biens ?

Pensées :

- Ouvre tes yeux sur la réalité de ta vie.
- N'aie plus peur de perdre et tu ne perdras plus.
- Ne t'arrête jamais de construire.

Conseils :

- La confiance s'arrête à la vérification permanente de cette confiance pour la maintenir. Cette constatation te concerne, elle est valable pour ta confiance en toi.
- Remets-toi constamment en question et la réalité de la vie ne te déstabilisera plus.

Pierre d'action	Pierre complémentaire	Solide de Platon	Chakra Spirituel

Pétalite	**Morganite**	**Sphère**	**Moi**

Développement de la Kundalini

La Kundalini permet d'agir sur **l'Imparfait** pour nous faire comprendre, si l'on est à son écoute, comment évoluer.

Exercice :

Tout en tenant **la sphère (1)** dans la main gauche, visualisez en matérialisant, l'un après l'autre, les centres énergétiques principaux par leur couleur correspondante **(2)** :

- Le chakra **Racine** : rouge.
- Le **Sacré** : orange.
- Le **Plexus solaire** : jaune.
- Le **Cardiaque** : vert.
- Le **Laryngé** : bleu.
- Le **Frontal** : bleu ciel.
- Le **Coronal** : violet.

Il est conseillé de faire cet exercice debout.

Posez **la Pétalite (3),** agissant sur le plan Spirituel, à l'extérieur de votre pied gauche et **la Morganite (4)** à l'extérieur du pied droit.

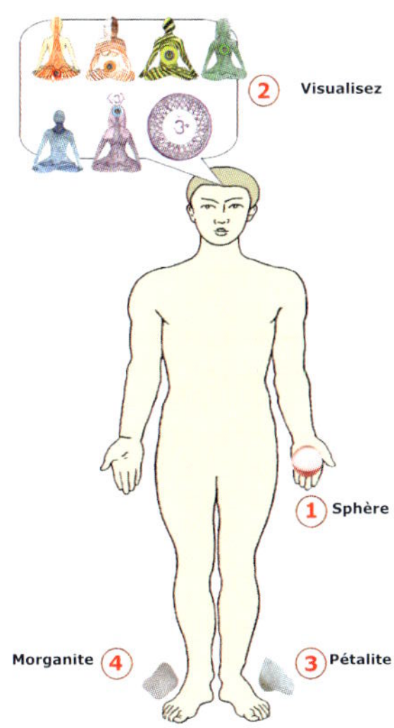

Méditation :

Que penses-tu avoir de plus cher au monde ?

Comment réagirais-tu si tu devais le perdre ?

Cet exercice rappelle au corps ses fonctions énergétiques vitales.

05 Feux-Flammes

Ce symbole nous met en garde contre les excès de toutes sortes.
Il avertit que tout peut partir en fumée, brûlé par le feu ardent de notre aveuglement.

Symbolique :

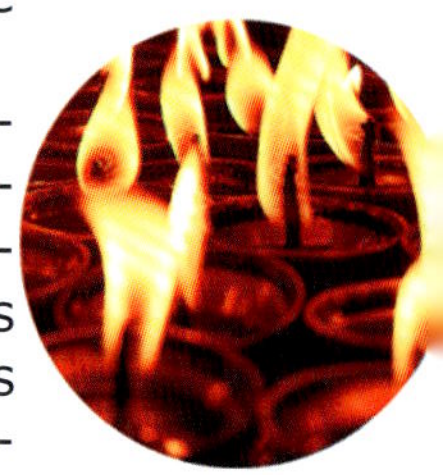

Les flammes semblent sortir de nulle part.
Aériennes, elles sont nos compagnons de route, puisqu'elles peuvent aussi bien nous fournir la chaleur et l'énergie dont nous avons besoin, que nous engager à nous enflammer et à nous détruire facilement.
Contenues dans le fragile mandala de la vie, elles seront tous les jours à nos côtés, nous fournissant l'énergie nécessaire à notre avancée, à condition de les alimenter régulièrement en combustible.

Interrogations :

- De quelles énergies as-tu le plus besoin ?
- Ranges-tu tes brûlures intérieures ?
- Tiens-tu compte du positif et du négatif engendrés par tes agissements ?

Pensées :

- Ne te laisse plus éteindre par les autres.
- Apprends à autoriser aux autres ce que tu t'autorises et prends conscience de tes actes.

Conseils :

- Rends-toi compte de ta façon d'agir et de réagir face à une difficulté ou simplement dans la vie courante.
- Agis toujours dans le respect de ta personnalité en ayant conscience de la respectabilité des autres.

Pierre d'action	Pierre complémentaire	Solide de Platon	Chakra Spirituel

Sliex	Chrysoprase	Tétraèdre	Rayonnement

Mandala de l'Energie

Recréez ce Mandala de l'énergie.

Placez votre main gauche au-dessus de celui-ci pour recharger vos batteries.

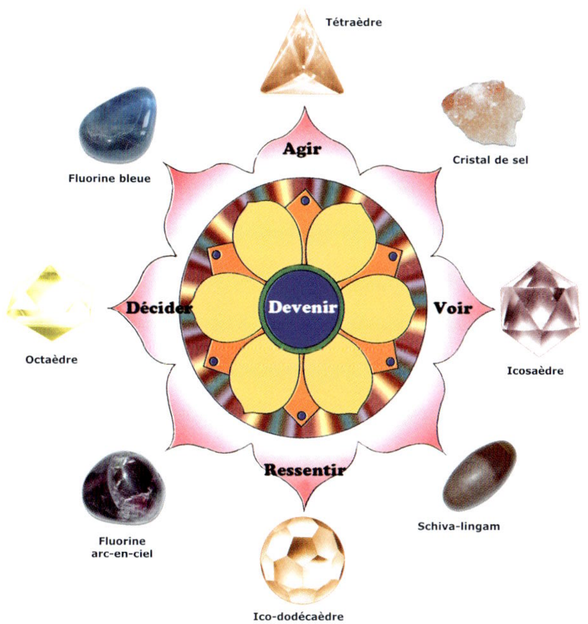

.e dessin de ce Mandala est à découper page 257

Méditation :

N'oublie jamais d'entretenir ton feu intérieur.

Ce Mandala permet de redonner force et énergie au corps.

06 Gardiens

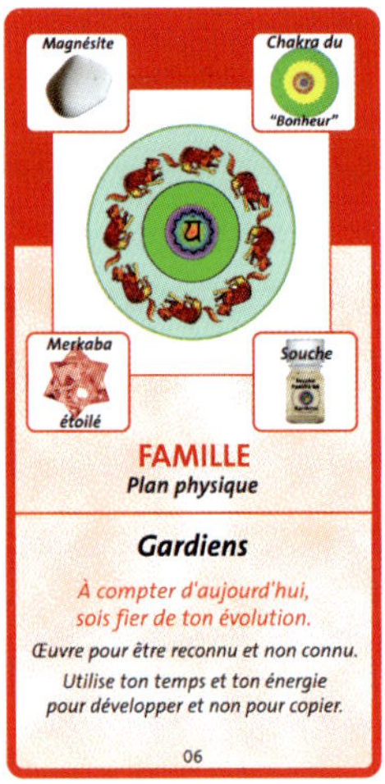

Ce symbole nous met en garde de ne pas détourner "les biens spirituels" d'autrui à notre profit.
Peu importe où nous nous tournons, il y aura toujours une personne pour nous rappeler ce qui ne nous appartient pas.

Symbolique :

Deux mangoustes, gardiennes des trésors, recrachant les joyaux avalés par cupidité, mettent en garde de ne pas tomber dans la facilité de la copie sans effort, du détournement de biens de toute nature, de l'usage de titres non mérités.

Interrogations :

- Que convoites-tu sans effort ?
- De quoi ou de qui es-tu jaloux ?
- Pourquoi n'oses-tu pas avancer dans ta vie ?

Pensées :

- À compter d'aujourd'hui, sois fier de ton évolution.
- Oeuvre pour être reconnu et non pour être connu.
- Utilise ton temps et ton énergie pour développer et non pour copier.

Conseils :

- Utilise toutes tes énergies pour améliorer continuellement tes acquis.
- Le temps passé à chercher à avoir ou à faire comme l'autre est un temps qui génère un karma répétitif déstabilisant qui entraîne obligatoirement un manque de confiance en soi.

Pierre d'action	Pierre complémentaire	Solide de Platon	Chakra Spirituel
			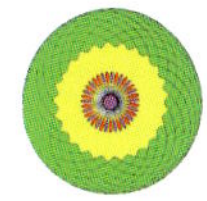
Magnésite	Cuivre natif	Merkaba étoilé	Le Bonheur

Recentrage

Pour se recentrer, il est primordial d'être totalement dans son ressenti, sans aucune influence, ni pression extérieure.

Exercice :

La Magnésite est le minéral le plus adapté comme support de votre individualité.
En duo avec **le Cuivre natif** permettant de rassembler votre créativité, vous pourrez très facilement, en restant vous-même et dans votre indépendance, retrouver confiance en vous et de ce fait, vous recentrer.
Le Merkaba étoilé, favorisant votre **propre univers de pensées matérielles et spirituelles,** permet votre recentrage.

Durant une période de neuf jours :

- Prévoyez pour le lendemain une action inhabituelle mais réalisable.
- Alternez chaque jour le port d'un minéral dans votre poche gauche (ou du côté gauche) :
La Magnésite, le Cuivre natif, le Merkaba étoilé, la Magnésite..., le Cuivre natif, le Merkaba étoilé, et ainsi de suite... Durant neuf jours.

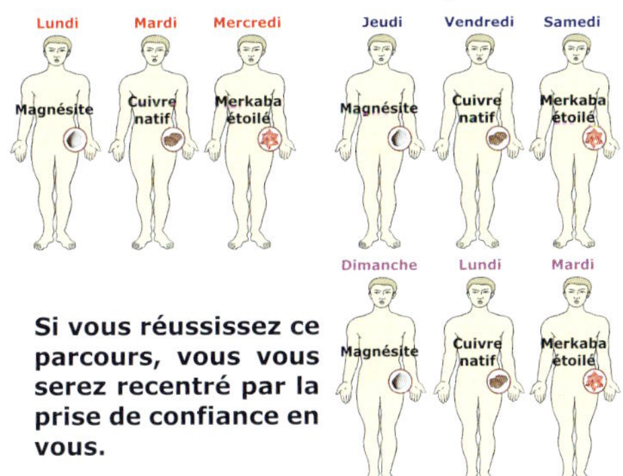

Si vous réussissez ce parcours, vous vous serez recentré par la prise de confiance en vous.

Méditation :

Autorise-toi à être enfin vrai...

Cet exercice permet, par le développement de la confiance en soi, de se recentrer.

07 Pureté du coeur

Ce symbole représente deux mains tendues vers le ciel, tenant en lévitation une sphère composée de lotus multicolores.

Il nous indique nos possibilités énergétiques intérieures insoupçonnées, générées par la croyance en notre MOI profond.

Symbolique :

Tous les doigts des mains sont tendus vers le ciel et libèrent leurs énergies bienfaitrices, permettant à une multitude de lotus formant un mandala énergétique de flotter dans l'air, maintenant au centre le symbole de l'équilibre.

Le choix du symbole indique l'importance de s'accepter et l'urgence de prendre sa vraie place dans sa vie.

Interrogations :

- Pour quelle raison ne montres-tu pas ta véritable personnalité ?
- De quoi as-tu vraiment peur ?
- Que te faut-il pour conserver ton équilibre ?

Pensées :

- Tes croyances sont tes véritables forces spirituelles.
- Préserve ton amie, ta pureté intérieure.
- Reste toujours en accord avec toi-même.

Conseils :

- Ne te laisse pas détourner de ton chemin.
- Montre-toi tel que tu es en toute circonstance et tu respecteras le pourquoi tu es fait.
- Crois en tes possibilités enfouies au fond de toi.

Pierre d'action	Pierre complémentaire	Solide de Platon	Chakra Spirituel

Dolomite	Cornaline	Merkaba	L'Amour

Chakra Racine

Energiser son chakra Racine permet de faire face aux aléas de la Vie.
Plus vos racines seront profondes, plus votre spiritualité pourra grandir.

Une des difficultés de la vie est de pouvoir, en tout moment et en tout lieu, rester en lien avec l'énergie terrestre sans quitter l'énergie céleste.

La Cornaline, associée au **Merkaba,** permet ce lien entre le céleste et le terrestre, **la Dolomite** agissant en médiatrice.

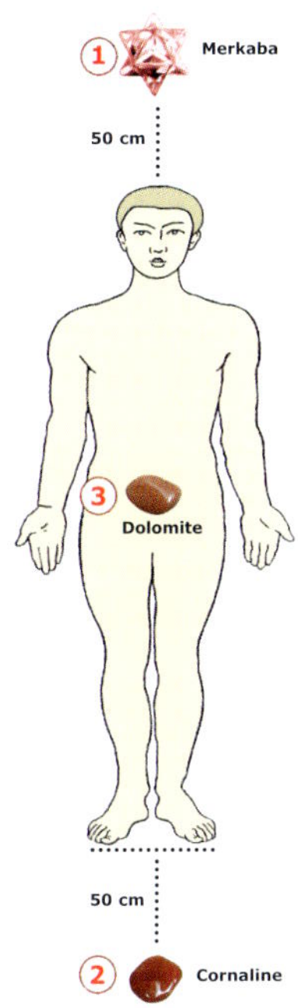

Exercice :

Allongez-vous.

Placez **le Merkaba (1)** 50 cm au-dessus du sommet de votre tête.

Placez **la Cornaline(2)** 50 cm en-dessous des pieds.

Positionnez **la Dolomite (3)** sur votre nombril.

Ayez des pensées en accord avec la Terre.

Restez en méditation active une dizaine de minutes.

Méditation :

Prends conscience que ce qui est vrai pour l'un ne l'est pas forcément pour l'autre.

Cet exercice permet l'entrée de l'énergie au niveau du chakra Racine, dans le sens Terre-Ciel, favorisant l'énergisation des autres centres énergétiques.

08 Le choix

Ce symbole représente la répétitivité.
Le ruban sans fin nous rappelle que, quoi que nous fassions, sans évolution ni compréhension, cela nous ramènera sur les pas de notre passé.
Ce qui signifie que le positif retrouve le positif, mais aussi, que le négatif relance le négatif
Nous avons toujours, dans notre chemin, le choix de l'un ou de l'autre.

Symbolique :

Le ruban sans fin, de couleur rouge bordé d'un liséré jaune, nous indique que les deux chakras principaux qui nous accompagnent dans les éléments répétitifs de notre vie sont le chakra racine et le plexus solaire.
Au centre, derrière le ruban sans fin, un lien de couleur verte relie le côté gauche au côté droit, permettant l'échange entre les actions et leurs conséquences.

Interrogations :

- Quelle évolution t'oblige à faire un choix ?
- Dans quelles situations voudrais-tu ne plus retomber ?
- Pourquoi as-tu peur de choisir, de décider, de trancher ?

Pensées :

- Tu as le choix du chemin pour franchir les passages obligés de ta vie.
- Prends le temps de réfléchir aux conséquences de ce choix.

Conseils :

- Tu as toutes les clefs en main pour ne pas tomber dans la répétitivité.
- Accepte les conseils de personnes avisées en restant maître de tes décisions finales.
- Pense que le positif engendre toujours un pourcentage de négatif. Sois prêt pour ne pas en être surpris...

Pierre d'action	Pierre complémentaire	Solide de Platon	Chakra Spirituel
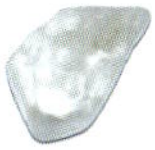			
Ulexite	Tourmaline melon d'eau	Octaèdre	Le Choix

Faire face

S'autoriser à ouvrir les yeux permet de mieux appécier la situation dans le but de réagir en y faisant face.

Application :

L'utilisation tant psychologique que physique de **l'Ulexite** permet d'agrandir les événements pour mieux percevoir les petites lignes traumatisantes, et souvent cachées, de la vie.

L'association avec **la Tourmaline melon d'eau** et **l'Octaèdre** favorise cette perception tout en vous permettant de trouver ces failles pour mieux y faire face

Remplissez une bouteille d'eau, de préférence de source ou lustrale*.

Energisez-la en la plaçant au centre du triangle énergétique formé par **l'Ulexite (1), la Tourmaline melon d'eau (2) et l'Octaèdre (3).**
Le temps de votre déstabilisation, buvez régulièrement de cette eau.

Exercice :

* Voir Psychologie des pierres et des cristaux Tome 1

Méditation :

**Ouvre les yeux sur
ce que tu ne veux pas voir.**

**Exercice très utile
dans les situations de stress
où l'on ne s'autorise plus
à faire face.**

09 Faiblesses

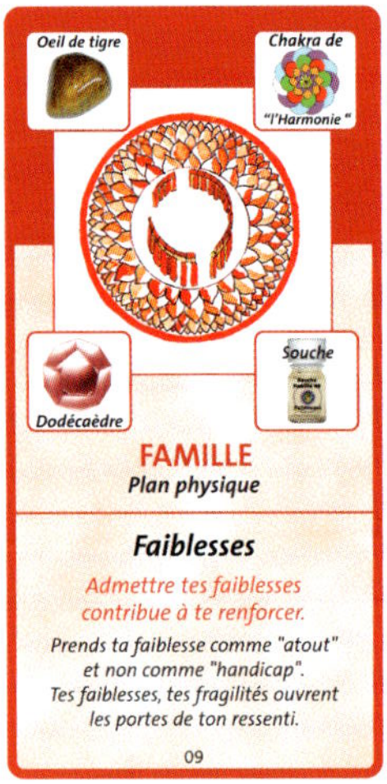

Imagine que ce cercle représente ton plan aurique. Ce symbole représente toutes les failles, toutes les ouvertures aux tentations, toutes les faiblesses de structure qui conditionnent ton existence.

Symbolique :

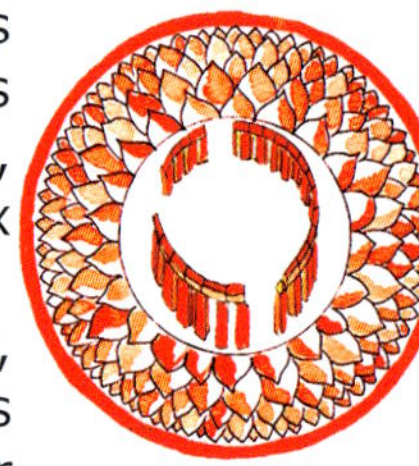

Malgré l'imagination des architectes et l'énergie des constructeurs dépensée pour élaborer cet édifice, d'énormes brèches permettent aux doutes de pénétrer.
Ne les referme pas physiquement, tu y perdrais trop d'énergie, mais utilise ton rayonnement mental pour les combler.

Interrogations :

- Quelles sont tes peurs ?
- Pourquoi ne parles-tu pas de tes angoisses ?
- Que crains-tu dans ta vie ?

Pensées :

- Admettre tes faiblesses contribue à te renforcer.
- Prends ta faiblesse comme "atout" et non comme "handicap".
- Tes faiblesses, tes fragilités ouvrent les portes de ton ressenti.

Conseils :

- Tu es maintenant prêt à affronter tes faiblesses en réagissant, en évoluant, en sortant des peurs ancrées de ton passé. Ouvre les yeux, regarde au loin le futur florissant qui t'attend.
- Va dans la forêt, dirige-toi vers l'arbre qui t'appelle, et demande-lui de t'accepter. Parle-lui de tes peurs, de tes craintes et de tes difficultés. Bien entendu, il ne va pas te répondre, mais qui sait... Le message sera peut-être entendu.

Pierre d'action	Pierre complémentaire	Solide de Platon	Chakra Spirituel

Oeil de tigre	**Fluorine arc-en-ciel**	**Dodécaèdre**	**Harmonie**

Limites - Dépassement

Autorisez-vous à respecter les limites de sécurité que vous vous êtes fixées et vous serez respecté.

Application :

Symboliquement, **l'Oeil de tigre** est une pierre de protection majeure.
Essayez de la concevoir en pierre de rayonnement et vous n'utiliserez plus votre énergie à vous battre contre des moulins à vents imaginaires.

Associé au **Dodécaèdre** il permet à votre Moi intérieur de renforcer votre Divin, votre personnalité.

La Fluorine arc-en-ciel favorise le lien entre les deux.

Tout ce que l'on pense ou croit, ouvre grandes les portes à ces croyances et en favorise l'accès.

Placez dans votre lieu de vie personnel **l'Oeil de tigre, la Fluorine arc-en-ciel et le Dodécaèdre.**

Exercice :

Dans les moments difficiles de votre vie, reliez-vous mentalement à ces minéraux en ayant le réflexe de demander à ces liens de rayonner plutôt que de vous protéger.

Mon Rayonnement personnel est le garant de mes limites de sécurité.

Méditation :

Réfléchis sur toi-même et agis.

Cet exercice permet de sortir de l'autodestruction.

2 - Les neuf cartes de la lignée "Instabilité"

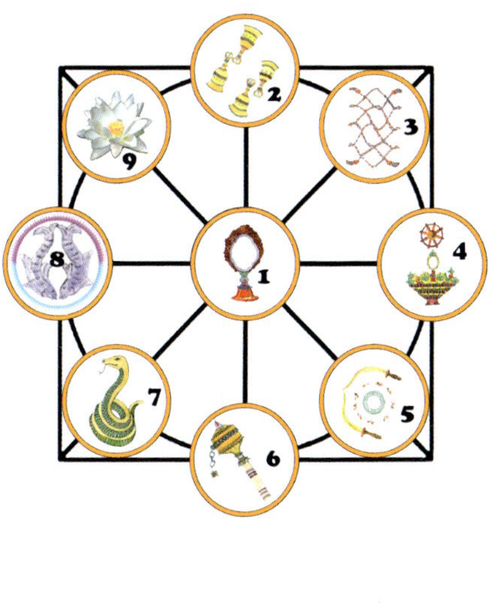

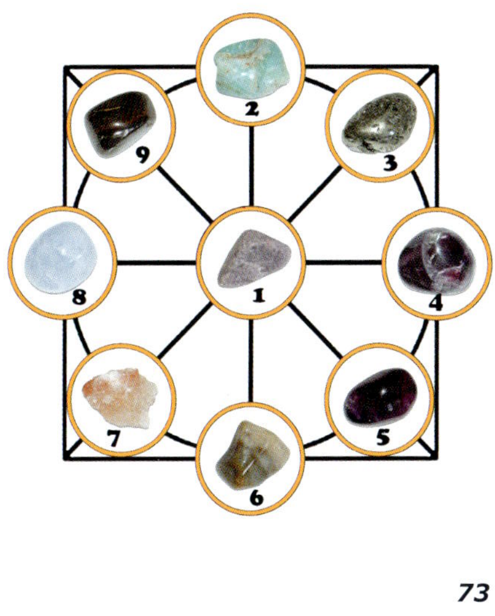

10 Reflet de la personnalité

Bien des personnes n'osent pas croiser leur regard dans un miroir.

Symbolique :

Un miroir posé sur un socle rouge nous rappelle que notre assise est la Terre.
Entouré de motifs imprécis de couleur marron, ce miroir reflète notre chemin de vie présent.
Sur la base du médaillon, des feuilles vertes adoucissent ces reflets.
Un cercle bleu posé sur le socle rouge semble nous inciter au dialogue entre notre conscient et notre inconscient, en nous remémorant qu'aucune action vécue de notre vie ne peut être rayée, mais doit être rangée.

Interrogations :

- De qui as-tu le plus peur ? Ne serait-ce pas de toi ?
- Que crains-tu de voir que les autres ne voient déjà ?

Pensées :

- Laisse les autres regarder ta beauté intérieure.
- Chacun de tes agissements est le reflet de ton Moi.
- Cherche au fond de toi les réponses à tes difficultés.

Conseils :

- Si tu as des doutes sur le fond de ta pensée, sur ta vraie personnalité, autorise-toi à prendre des décisions claires, nettes et précises.
- Ce n'est qu'à ce prix que tu supporteras le reflet de ton regard.
- N'oublie jamais que rien ne peut s'effacer si cela a vraiment existé.

Pierre d'action	Pierre complémentaire	Solide de Platon	Chakra Spirituel

Lépidolite	**Quartz neige**	**Sphère**	**Moi**

Chakra Sacré

Si dans votre vie, vous savez prendre votre Chemin, votre rayonnement vous conduira vers votre relationnel et harmonisera votre chakra Sacré.

Application :

Pour énergiser votre chakra Sacré, certaines pierres seront actives, mais ne seront que la complémentarité de vos actes, tout n'étant que le reflet de votre Moi.

La Lépidolite, amplifiant toutes vos actions, vous permet de rayonner dans votre chemin.

Le Quartz neige, valorisant vos agissements vous incite à être reconnu plutôt que connu.

Le mandala du lotus et la Sphère rend cette énergie douce et abordable.

Vous ne ferez plus fuir, vous attirerez, tout en éloignant doucement ce qui ne vibre pas sur votre fréquence énergétique.

Exercice :

Le dessin de ce mandala est à découper page 255

Méditation :

Entoure-toi de tes pierres d'action et complémentaire et médite sur les événements à ranger...

Ces conseils et la réalisation de ce mandala orienteront vers la rencontre du vrai relationnel.

11 Echo

Pour te permettre de compléter les maillons manquants de ta connaissance, **autorise-toi à écouter et à entendre.**

Même si les paroles de l'autre ne sont pas tes vérités, si tu ne lui coupes pas la parole, l'une d'entre elles te fera peut-être réfléchir en t'ouvrant les portes du doute qui engendre les recherches du pourquoi de ce doute.

Symbolique :

Quatre cloches résonnent aux quatre points cardinaux, transportant dans leurs énergies vibratoires les actions, les pensées, les joies et les peurs de la vie.

Mais aussi, lorsque le silence est revenu, elles recueillent, venant des autres, énergies vibratoires, pensées, joies et peurs, développant la connaissance.

Interrogations :

Quels éléments de ta vie t'empêchent :

- D'être "vraiment" libre de transmettre aux quatre vents tes acquis et tes connaissances ?
- De te permettre d'écouter ?
- Qui, dans ta jeunesse, t'a blessé ou rabaissé au point de ne pas ou de ne plus oser agir aujourd'hui ?

Pensées :

- Tout n'est que l'écho de ta pensée et de tes agissements.
- Envoie un arc-en-ciel de bonheur et tu récupéreras une énergie de lumière.
- Chacun de tes pas se nourrit du son du pas précédent.

Conseils :

- Plus tu t'accepteras tel que tu es vraiment, plus tu rayonneras ta véritable personnalité.
- Tes pensées reflétant tes agissements, **autorise-toi à vivre aujourd'hui pour demain et non hier pour demain.**

Pierre d'action	Pierre complémentaire	Solide de Platon	Chakra Spirituel

Chrysoprase	Quartz roulé	Icosaèdre	Respect

Renforcer ses Limites

Notre esprit fluctue sans cesse.
Nous avons besoin de stabilité énergétique de rayonnement afin de pouvoir nous forger consciemment nos limites auriques.

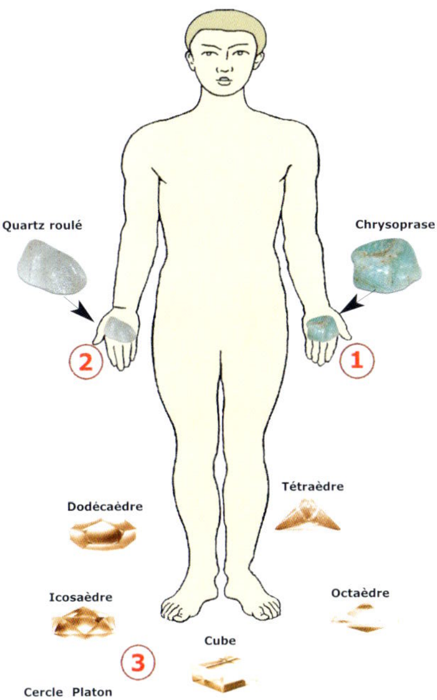

Exercice :

Tenez dans votre main gauche **la Chrysoprase (1)** et dans votre main droite **le Quartz roulé (2).**

Placez-vous, de temps en temps, au milieu d'un cercle énergétique formé par **les cinq formes de Platon (3).**

il est recommandé d'utiliser ces formes en **Cornaline ou en Quartz rose** pour s'imprégner d'énergie en douceur.

Méditation :

Je suis un être rayonnant, éclairant ceux qui veulent bien être éclairés.

Cet exercice a pour but de relier aux origines : la première division de cellule.

12 Liens

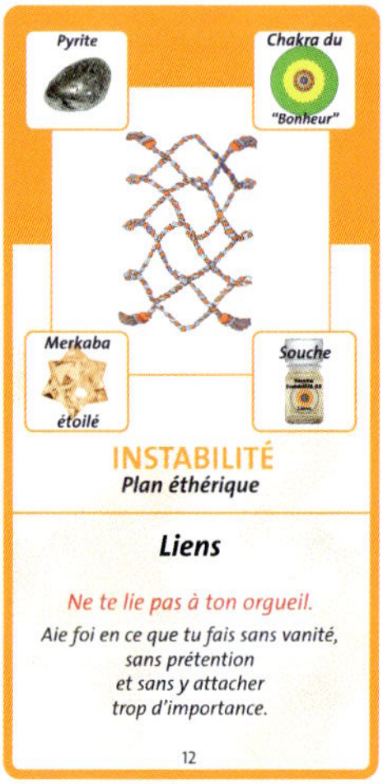

Abandonne toutes tes pensées de supériorité. Crois en ton être intérieur qui, seul, connaît la route te permettant de remplir ta mission terrestre, sans être pris dans les filets de la vie.
Ne te laisse plus emprisonner, ni par toi, ni par les autres.

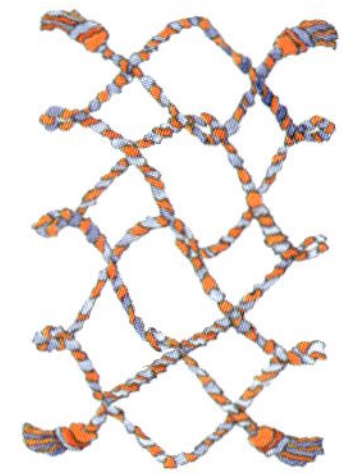

Symbolique :

Deux cordons multicolores s'enchevêtrent et se croisent, formant un piège doré liant le passé au présent, ralentissant les projets futurs.

Interrogations :

- Ouvres-tu enfin les yeux ?
- Regardes-tu au travers des mailles du filet formé par les cordons du passé et du présent, du bien et du mal ?
- Quelles possibilités se présentent maintenant à toi, te permettant de te défaire des répétitions du passé ?

Pensées :

- Ne te lie pas à ton orgueil.
- Aie foi en ce que tu fais sans vanité, sans prétention et sans y attacher trop d'importance.

Conseils :

- Ce que tu fais, fais-le d'abord pour toi.
- Ce que tu penses doit être le fond de ta pensée et non la pensée influencée par les autres.
- Ce que tu reçois, ce que tu récoltes, utilise-le sans y porter un attachement néfaste et obstiné.
- Ne pas se lier à l'éphémère permet de renouveler sans cesse ton quotidien.

Pierre d'action	Pierre complémentaire	Solide de Platon	Chakra Spirituel

Pyrite	**Fluorine bleue**	**Merkaba étoilé**	**Le Bonheur**

Retour aux sources

Rien ne pouvant se rayer de notre mémoire, il est bien souvent utile, pour pouvoir retourner aux sources de notre vie, de savoir ranger les événements du passé.

Exercice :

Retrouvez un moment dévalorisant.

Sur une feuille de papier, inscrivez ce moment le plus **véridiquement** possible.

Terminez par une affirmation.

Ex : J'écris ces événements non pas pour les oublier, mais pour les ranger et vivre sans la répétition de ce vécu.

Pliez cette feuille et placez sur celle-ci **une Fluorine bleue** renforçant votre parole intérieure.

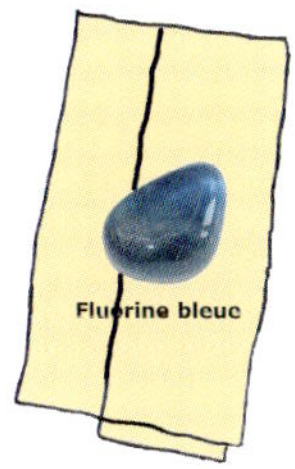

Méditation :

Ose avancer dans ta vie.
Accepte
les cadeaux de la vie,
mais ne te lie pas à eux.

Cet exercice
permet de sortir
des périodes répétitives.

13 Engranger

Ne t'endors jamais sur tes acquis, tout étant éphémère.

Symbolique :

Une grande vasque remplie de nombreuses richesses représente l'accumulation de tes acquis.
La conque fièrement exposée montre tes capacités d'écoute et de parole.
Le miroir semble refléter ton image créative et volontaire.
Les cymbales donnent le tempo du temps qui passe, et les fruits l'abondance d'énergie en réserve pour créer et à nouveau engranger.
Pour couronner tout cela, semblant flotter dans l'air, la roue de l'action veille sur ces acquis.

Interrogations :

- Pour qui ou pourquoi engranges-tu autant de richesses ?
- Que vas-tu faire de toutes ces richesses, de toute cette énergie, de tout ce temps ?
- A quoi et à qui vont servir tes dons, tes cadeaux, tes richesses ?

Pensées :

- Garder pour toi un minimum, c'est pouvoir avancer demain.
- Tu as les capacités de transformer les circonstances favorables en acquis durables.
- Donne une valeur à ce que tu fais, à ce que tu gagnes, à ta réussite.

Conseils :

- Ce que tu as engrangé, il est temps de savoir l'utiliser, de savoir le partager.
- Mais attention, le moment est venu d'être attentif à l'utilisation de tes richesses, aussi bien par toi que par autrui.
- Ces acquis, durement accumulés, ne doivent être ni bradés ni dépréciés.

Pierre d'action	Pierre complémentaire	Solide de Platon	Chakra Spirituel

Fluorine arc-en ciel	Howlite	Ico-dodécaèdre	Décision

Perception intérieure

Sans énergie éthérique, les messages captés par le corps par les nadis principaux ne pourraient être véhiculés vers notre cerveau.

Exercice :

Pour renforcer l'énergie éthérique, un exercice trés simple peut être utilisé :

Commencez par décharger votre corps de l'électricité statique. Pour cela en tenant **l'Ico-dodécaèdre**, prenez une bonne douche d'eau fraîche sans aucun savon.

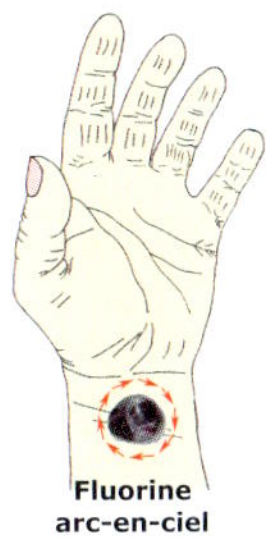

Une fois sorti de la douche, agir en action au milieu des racettes de la main gauche avec **la Fluorine arc-en-ciel.**

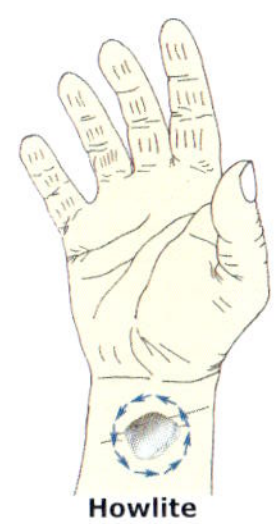

Puis, avec **la Howlite**, agir en dispersion, au milieu des racettes de la main droite.

Répétez cet exercice autant de fois que le besoin s'en fait sentir.

Méditation :

**Prends conscience
et réfléchis
sur tes véritables
valeurs dans la vie.**

**Cet exercice permet
aux nadis principaux
de remplir pleinement
leur fonction
"d'émetteur-récepteur".**

14 Racines de l'ignorance

Autorise-toi à te défaire des protections affaiblissantes non justifiées, au profit d'un rayonnement constructif.

Cette carte met en garde contre toute fausse protection.

Si, en apparence, elle nous protège dans notre avancée, elle nous fragilise dans les conséquences de cette avancée.

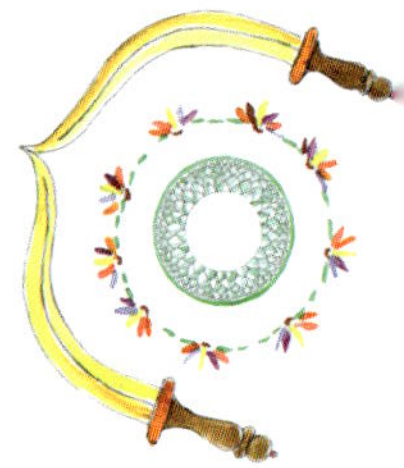

Symbolique :

Deux sabres reliés par leurs pointes semblent protéger un mandala de lotus renfermant les sources de la connaissance.

Interrogations :

- Oses-tu croire en tes capacités cachées ?
- Est-il temps de faire la paix entre toi et toi, entre ton yin et ton yang, entre ton conscient et ton inconscient ?
- Est-il temps de ne plus te déchirer pour un oui ou pour un non ?
- Quels sont tes secrets intérieurs qui te poussent à agir d'un extrême à l'autre ?

Pensées :

- Recherche sans t'arrêter les maillons manquants de ta connaissance.
- Toute difficulté contient ses propres réponses.
- Ne regarde pas que tes avantages, pense aussi à remplir tes obligations.

Conseils :

- Tu as en toi toutes les forces pour réussir, mais aussi toutes les forces pour te détruire. Il est grand temps de pouvoir t'exprimer, afin de libérer tes tensions intérieures.

Pierre d'action	Pierre complémentaire	Solide de Platon	Chakra Spirituel
			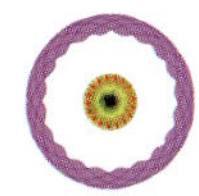
Fluorine violette	**Jais**	**Merkaba**	**l'Amour**

Renforcer sa Personnalité

Afin de pouvoir renforcer votre personnalité, il est important d'apporter à votre existence un renouveau intérieur vous autorisant de voir ce que, jusqu'à présent, vous n'aviez pas vu.

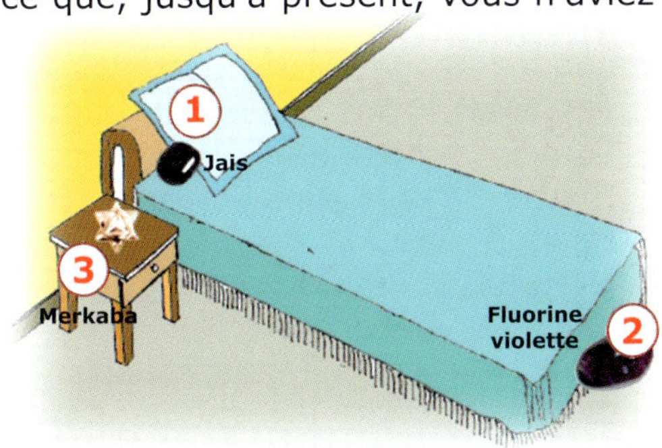

Exercice :

Avant votre sommeil, placez **le Jais (1)**, symbole du renouveau, sous votre oreiller et **la Fluorine violette (2)**, apportant l'énergie nécessaire au renouveau, à vos pieds.

"Si avant de vous endormir vous vous êtes posé une question, le lendemain, le conscient-inconscient permettra d'avoir les chemins de réponse à cette demande".

Le Merkaba (3), posé à droite sur votre table de nuit, augmentera votre rayonnement renforçant votre personnalité.

Méditation :

Quelles sont tes faiblesses que tu n'oses pas reconnaître ?

Cet exercice permet de croire à la possibilité d'un renouveau et de reprendre confiance.

15 Facilité - Simplicité

S'il est facile et simple de faire tourner le moulin à prières, il est beaucoup plus difficile d'y inscrire un fait, une demande, tout en s'engageant, par sa projection dans l'univers, à le respecter.

Symbolique :

Le moulin à prières est un objet sans équivalent, utilisé aussi bien par des moines que par des laïcs. L'intérieur du tambour contient des bandes de papier enroulées, couvertes de formules imprimées. Lors de la méditation, le moulin est tourné dans la direction du soleil. Chaque rotation correspond à la lecture d'un mantra qui est envoyé dans l'univers grâce au mouvement imprimé. Le plus important dans cette action, c'est la sincérité investie dans cet acte.

Interrogations :

- Quel domaine de ta vie voudrais-tu faciliter ?
- Es-tu prêt à t'accepter tel que tu es ?
- **Es-tu prêt à te libérer de la facilité de te réfugier dans ton moi profond ?**

Pensées :

- Il est facile de parler de son bonheur, il n'est pas aussi simple de l'apprécier.
- Trouver des prétextes pour ne pas faire ce que l'on doit faire est plus difficile que de faire ce que l'on doit faire.

Conseils :

- Ne fuis pas les réalités de ta vie. Prends une feuille de papier et inscris à l'encre rouge tes désirs et tes ambitions sans tomber dans la facilité.
- Reconnais et apprécie les moments de bonheur de ta vie, si courts soient-ils.

Pierre d'action	Pierre complémentaire	Solide de Platon	Chakra Spirituel

Bois fossilisé	**Calcite miel**	**Dodécaèdre**	**Harmonie**

Se reconnaître

Se reconnaître signifie voir ses qualités aussi bien que ses défauts afin de ne pas être surpris lorsque ceux-ci seront mis au grand jour.

Exercice :

Séparez une feuille de papier en deux.
D'un côté, inscrivez vos qualités et de l'autre vos défauts.

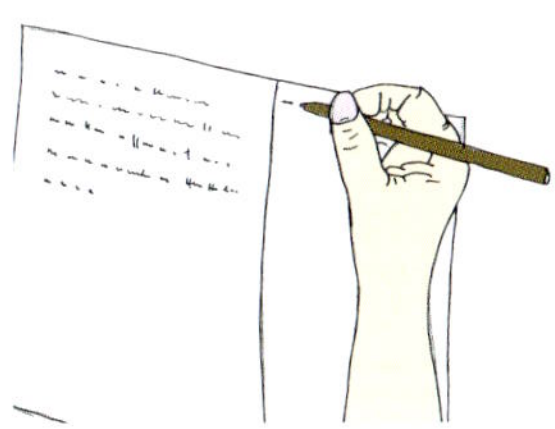

Ensuite, en alternance, pendant 28 jours, le Dodécaèdre près de vous :

Lire le positif en tenant dans sa main droite **le Bois fossilisé.**

Lire le négatif en tenant dans sa main gauche **la Calcite miel.**

Au besoin, rajoutez des qualités ou des défauts au fur et à mesure de l'avancée.

Calcite miel

Accrochez visiblement cette feuille dans un endroit de vie afin que, sans le cacher, tout puisse être dévoilé.

Méditation :

Que t'engages-tu à projeter dans l'Univers ?

Cet exercice permet de se connaître, mais surtout de se reconnaître.

16 Protections

Un serpent, sortant de son sommeil, redresse la tête. Aux aguets, regardant vers l'horizon, la langue sortie, il semble traquer l'invisible.
Comme le Serpent de la constellation équatoriale traversée par la voie Lactée se divise en deux zones : la Tête et la Queue, la protection, elle aussi, se fractionne en deux :
Le besoin de protection réelle et le besoin d'attirer l'attention.

Symbolique :

Ce symbole est l'une des figures les plus emblématiques au monde, bien que sa signification aille du pire au meilleur.
Il peut incarner la montée de la Kundalini, être protecteur, voire, pour certains, représenter le "Diable".

Interrogation :

- Quelles actions, dans ton enfance, ont été dictées par un besoin de reconnaissance ?

Pensées :

- Pense aux bienfaits de la vie.
- Trop penser à te protéger t'empêche de rayonner.
- Te sentir agressé pour un oui ou pour un non ouvre la porte à toutes les négativités.

Conseils :

- Seul le rayonnement de tes actions dans ta vie pourra remplacer le besoin inconsidéré de protection.
- Arrête de te sentir en permanence agressé, cela te permettra d'utiliser tes énergies pour avancer.

Pierre d'action	Pierre complémentaire	Solide de Platon	Chakra Spirituel

Cristal de sel	**Labradorite**	**Tétraèdre**	**Rayonnement**

Centre du "Soi"

Où trouver le centre du Soi, si ce n'est au plus profond de soi-même, là où se situe tout "départ de fumée" intérieur ?

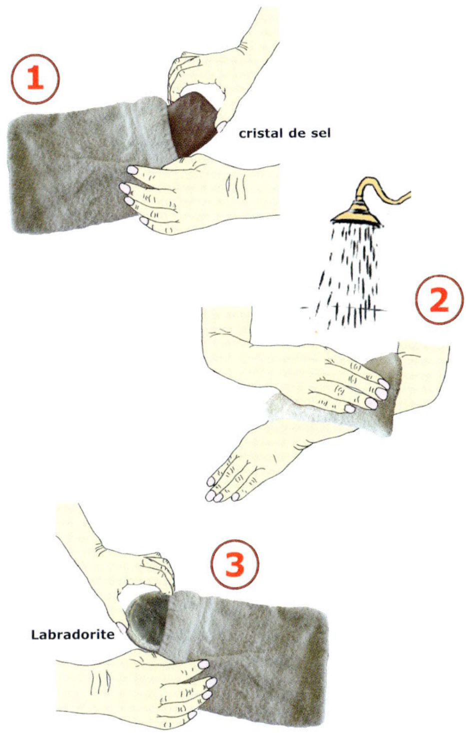

Application :

Le Cristal de sel est un élément essentiel de protection contre l'auto-envoûtement, c'est pourquoi, grâce à son rayonnement, il peut nous protéger de nous-même.

Exercice :

Mettez un **Cristal de sel** dans un gant de toilette légèrement humide **(1)** et frottez-vous tout le corps, avec douceur, sous la douche **(2)**.

Répétez la même opération avec **la Labradorite (3).**

Méditation :

Est-ce que, dans ta vie, tu es vrai ?
Tu n'es vrai que si tu l'es avec toi-même :
Voilà ta vraie protection.

Cet exercice permet de retrouver le calme et la sérénité dans le jardin secret.

17 Double personnalité

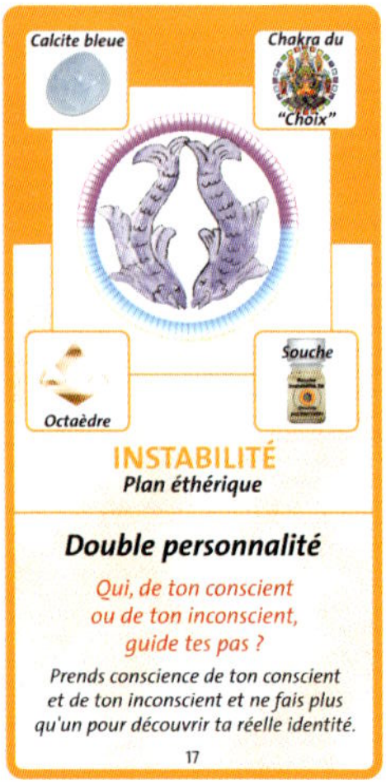

Deux poissons hors de leur milieu naturel, semblent ne devoir leur survie que par l'immersion de leurs têtes dans le peu d'eau contenu dans le trône du lotus.

Symbolique :

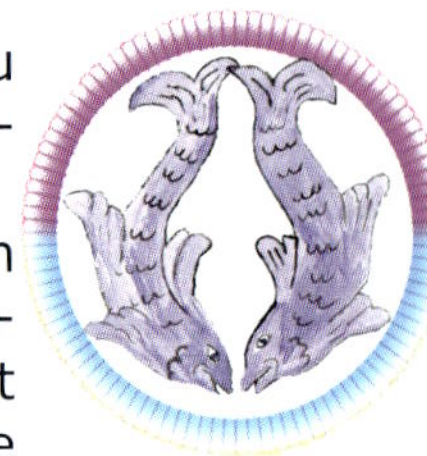

Les deux poissons sur le trône du lotus sont un symbole de la libération de l'esprit.
Les poissons sont également un symbole de fertilité et dans l'hindouisme, ce motif représentait initialement les fleuves indiens, le Gange et le Yamuna.

Interrogations :

- Est-il maintenant temps d'être ouvert et attentif aux événements de ta vie ?
- Ouvres-tu les yeux sur les nouvelles possibilités qui s'offrent à toi ?
- Vois-tu les événements comme ils doivent être vus ?

Pensées :

- Qui, de ton conscient ou de ton inconscient, guide tes pas ?
- Prends conscience de ton conscient et de ton inconscient et ne fais plus qu'un pour découvrir ta réelle identité.

Conseils :

- Ne te désolidarise jamais de ton originel qui est la seule référence juste et impartiale dans l'avancée du pourquoi tu es fait.
- Agis en tenant compte de la vraie réalité du moment.

Pierre d'action	Pierre complémentaire	Solide de Platon	Chakra Spirituel

Calcite bleue	**Quartz rutile**	**Octaèdre**	**Le Choix**

Regard intérieur - Harmonisation

Il est judicieux de pouvoir se regarder dans son miroir intérieur.
Cela permet de voir ce que tout le monde voit, mais que l'on ne voit pas forcément soi-même.

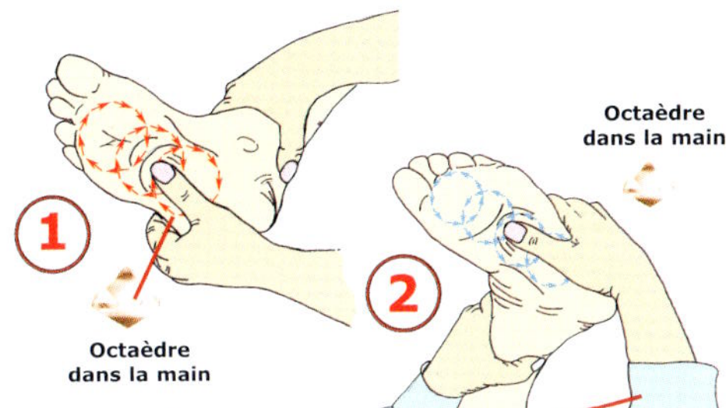

Exercice :

L'Octaèdre est l'outil essentiel à toute perception intérieure.

Prenez **l'Octaèdre** dans votre main gauche et **avec le pouce, massez-vous "en action"** la plante du pied droit **(1)**.
Puis prendre **l'Octaèdre** dans la main droite et **avec le pouce, masser-vous en "dispersion"** la plante du pied gauche **(2)**.

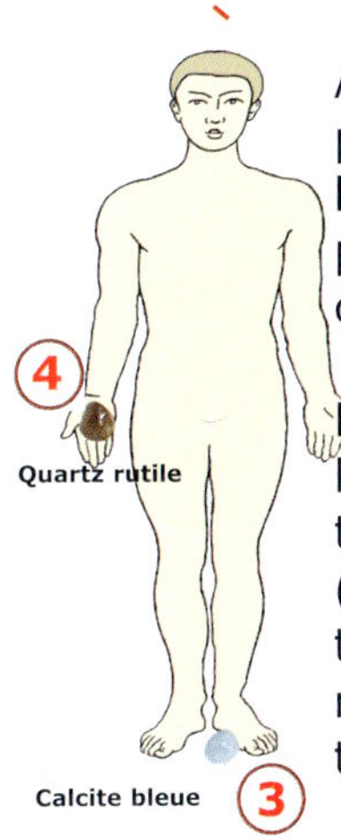

Aprés cette action, positionnez **la Calcite bleue (3)** sous la plante du pied gauche.

Pour faciliter la circulation énergétique, tenir **le Quartz rutile (4)** dans la main droite pour récolter, puis repousser votre négativité.

Méditation :

Aujourd'hui,
de quoi es-tu dépendant ?

Cet exercice permet de s'accepter tel que l'on est et non pas tel que l'on voudrait que l'on nous voie.

18 Accepter

Symbolique :

Le symbole de la fleur de lotus représente la pureté de l'esprit mais aussi l'origine pure ou divine, particulièrement pour le lotus ouvert, symbole de la pureté de la genèse et de l'origine.
Partant des sols boueux dans lesquels il prend racine, il fleurit, noble et fier à la surface de l'eau.
Le lotus est aussi une sorte de reflet, de rappel à la terre, **nous faisant prendre conscience qu'aucune élévation, sans lien avec la terre, ne peut être durable.**

Interrogation :

- Quels sont tes liens enrichissants avec la terre nourricière ?

Pensées :

- Accepte ta grandeur d'âme et tu trouveras quel est ton chemin.
- Avance à petits pas et tu accepteras ce que tu ne pourrais accepter en allant trop vite.
- Accepte que chacun puisse avoir des raisons d'agir contraires à ta façon de penser.

Conseils :

- Si dans ta vie une personne te déçoit ou te trompe, autorise-lui (une fois) l'erreur, mais si elle récidive, ne t'autorise pas la faute de continuer avec elle.

Pierre d'action	Pierre complémentaire	Solide de Platon	Chakra Spirituel

Oeil de fer	Héliotrope	Cube	Chemin

Etre Un

Cette exercice favorise les retouvailles avec la grandeur d'âme sans esprit de supériorité.

Exercice :

Exercez-vous à fusionner les énergies éthériques avec les énergies psychiques. C'est un exellent moyen pour développer votre intuition et ne faire qu'un entre votre conscient et votre inconscient.

L'Oeil de fer associé **au Cube** autorise cette fusion momentanée.

Le petit Sage disait : **"pour ne faire qu'un, il faut éviter d'être deux".**

Allongez-vous, placez **le Cube** au niveau de votre oreille gauche, **l'Oeil de fer** entre les chakras des genoux. et **l'Héliotrope** à 30 cm au-dessus de la tête.

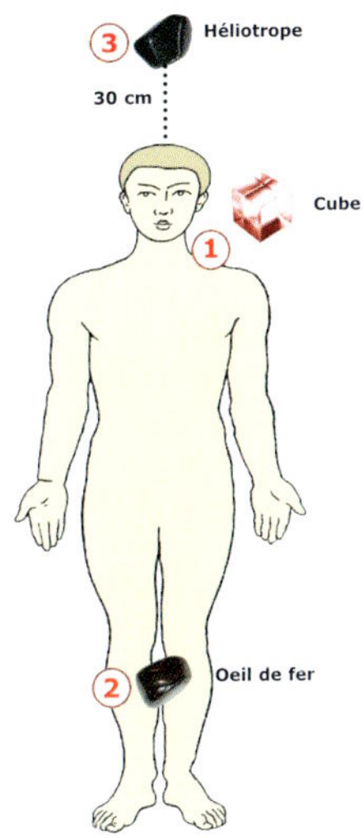

Laissez-vous aller au plaisir de vous retrouver entre Vous et... Vous

Méditation :

Qui, dans ta vie, t'entraîne dans des fautes répétitives ?

Cet exercice permet d'être en accord avec soi-même.

3 - Les neuf cartes de la lignée "Voies multiples"

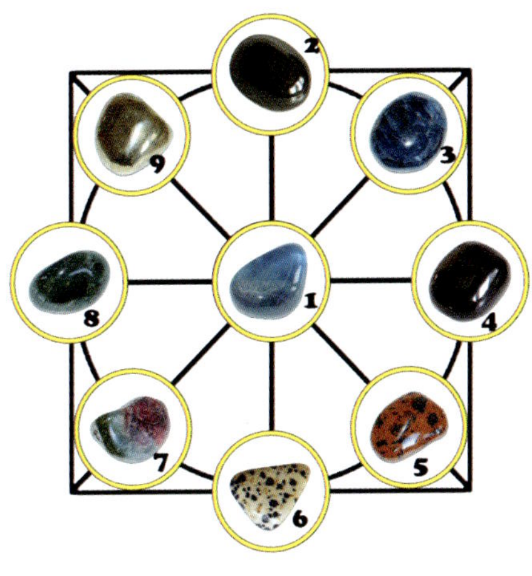

19 Agir

Symbolique :

Ce symbole est la représentation la plus importante des huit symboles de bonheur.
Le centre de la roue symbolise le lien entre nos agissements conscients et le Yin et le Yang.
Les rayons représentent l'avancée dans la compréhension des chakras spirituels :
Vue juste, pensée juste, parole juste, effort juste, moyens de subsistance et de richesse juste, concentration juste, mémorisation juste et action juste.
La jante symbolise le chemin parcouru ou à parcourir **pour transmettre l'enseignement compris et appliqué.**

Interrogations :

- Quel rayon, support de la jante de la roue, te manque-t-il pour accéder à ton droit au bonheur ?

Pensées :

- Autorise-toi à agir et tu réussiras.
- Tes actions t'élèvent vers ta spiritualité.
- Utilise positivement tes ressources spirituelles et tes agissements seront conformes à ta personnalité.

Conseils :

- Autorise-toi "plus" que ce que tu ne te crois capable de mériter.
- Pense que rien n'est une réussite, une fin en soi, mais qu'après chaque avancée, il y a un nouveau départ.
- Rien n'est jamais une fin, tout est toujours le début d'autre chose.

Pierre d'action	Pierre complémentaire	Solide de Platon	Chakra Spirituel

Fluorine bleue	**Tourmaline verte**	**Octaèdre**	**Le Choix**

Chakra Spirituel du Choix

Tout ce qui entrave involontairement ou volontairement notre liberté, nous prive de notre choix de décision.

Application :

La Fluorine bleue permet, par sa résonnance, de nous orienter vers le bon choix en nous montrant les chemins de réponse à nos freins.

Associé avec la **Tourmaline verte et l'Octaèdre,** elle vous permet de retrouver votre équilibre grâce à la perception du reflet de vos actes.

Le chakra Spirituel du Choix permet de comprendre les conséquences relationnelles occasionnées par le rayonnement dans le chemin.

Autorisez-vous, de temps en temps, **à méditer sur la justesse de vos décisions** en présence des trois éléments existentiels :
la Fluorine bleue,
la Tourmaline verte
et l'Octaèdre.

Exercice :

Mandala méditatif du Choix

Méditation :

Que viens-tu de réussir ?
Que vas-tu construire maintenant ?

La confection de ce mandala permet de prendre du recul afin de s'autoriser soit de continuer, soit de s'arrêter pour mieux repartir.

20 Chemin

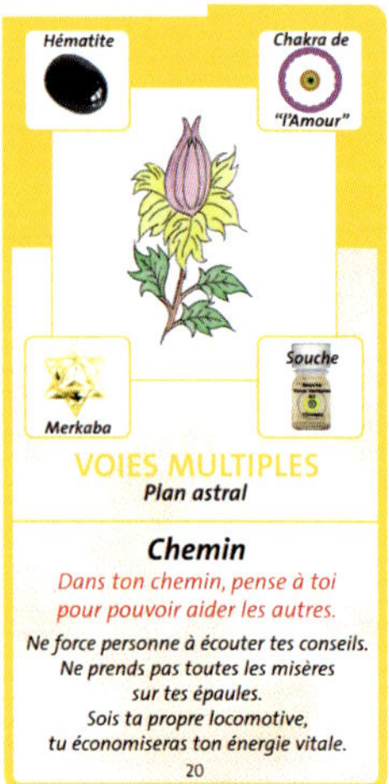

Les couleurs agrémentant ce symbole nous font prendre conscience que la terre, nos fondations, notre enracinement (brun) nous permettent l'équilibre (vert) et nous donnent la force (jaune) d'être nous, en plein équilibre mental (rose).
Il nous relie à trois chakras principaux: le racine, le plexus solaire et le cardiaque.

Symbolique :

Ce symbole représente un lotus sur le point de s'ouvrir.
Parfois représenté en bleu, il symbolise un stade intermédiaire sur le chemin intérieur.

Interrogations :

- Que dois-tu faire éclore ?
- Qu'est-ce qui ne demande qu'un petit effort pour te permettre d'avancer dans ton chemin ?

Pensées :

- Dans ton chemin, pense à toi pour pouvoir aider les autres.
- Ne force personne à écouter tes conseils.
- Ne prends pas toutes les misères sur tes épaules.
- Sois ta propre locomotive, tu économiseras ton énergie vitale.

Conseils :

- Ton chemin est suffisamment pourvu d'épreuves pour que tu ne te disperses pas dans un labyrinthe sans issue.
- Pense que chacun devrait être sa propre locomotive et que trop vouloir assister l'autre ne lui rend pas forcément service.
- **Autorise-toi à dire NON.**

Pierre d'action	Pierre complémentaire	Solide de Platon	Chakra Spirituel

Hématite	**Aventurine**	**Merkaba**	**L'Amour**

Chakra du Plexus solaire

Centre de la force énergétique et convenablement harmonisé, il est l'un des acteurs du rayonnement aurique.

Application :

L'Hématite, en lien avec le chakra de la main et du pied droit , favorise le mouvement d'énergie au niveau du chakra du point terrestre.
Elle régule les flux énergétiques. En restreignant les dépenses inutiles, elle vous permet d'inscrire vos actes dans la durée.

L'Aventurine, associée au **Merkaba,** dose les moyens tout en ouvrant les yeux sur les besoins.

Exercice de ressourcement du chakra du plexus solaire.

Placez **le Merkaba** au niveau du plexus solaire.

Placez dans vos deux mains réunies, **l'Hématite** (à droite) **et l'Aventurine** (à gauche).

Portez-les près de votre visage.

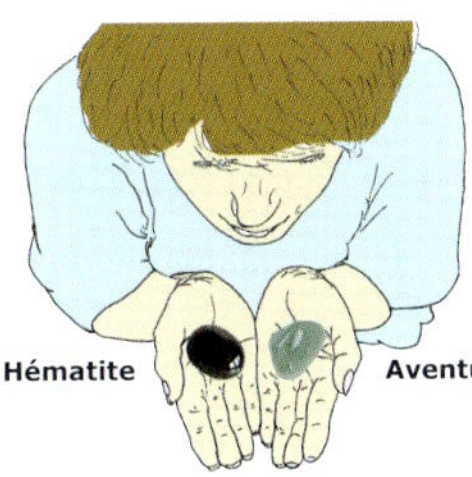

Inspirez profondément pour nourrir votre Hara de cette énergie minérale.

Méditation :

**Dans ta vie,
qui abuse de tes énergies,
de ta gentillesse
et de ta disponibilité ?**

**Cet exercice permet
de ressourcer les énergies
existentielles du moment.**

21 Réussite

Ce symbole attire notre attention sur le fait que tout ce qui brille ne luit qu'un certain temps, mais surtout que cette brillance s'atténue dans l'immensité de l'univers.

Symbolique :

Une étoile, rayonnante de vigueur et de clarté, diffuse largement son énergie tout autour d'elle, sans tenir compte de la dispersion de cette énergie, de ce rayonnement, que ce soit à bon ou mauvais escient.

Interrogations :

- Dans quelle mesure disperses-tu ton savoir et tes acquis, simplement pour nourrir ton égocentrisme ?
- Pourquoi as-tu besoin d'être connu plutôt que reconnu ?

Pensées :

- La réussite est bien souvent la fin d'un projet.
- Si tu cherches la notoriété, la gloire ou la reconnaissance dans la réussite de ta vie, attends-toi à être déçu.
- Mais si la réussite t'engage à continuer, tu dépasseras l'éphémère.

Conseil :

- Présente-toi simplement devant les autres avec ton nom et ton prénom et non avec des titres ou des fonctions éphémères.

Pierre d'action	Pierre complémentaire	Solide de Platon	Chakra Spirituel

Apatite	**Tourmaline noire**	**Icosaèdre**	**Respect**

Talu chakra

S'autoriser à parler est une chose importante.
Savoir se taire pour entendre et écouter, est une partie de la sagesse engendrant la connaissance.

Application :

Le Talu chakra est un chakra de conscience associé au laryngé.

Comme **l'Icosaèdre**, il facilite le rayonnement vers l'autre, ouvrant la porte du vrai relationnel.

L'Apatite permet de voir au-delà de la réussite et la **Tourmaline noire** d'évoluer. Elles apportent les énergies compatibles pour activer le fonctionnement harmonieux **du Talu chakra.**

Exercice :

Placez de part et d'autre de la gorge :
- L'Apatite (1) à gauche.
- La Tourmaline noire (2) à droite.

Entre vos pieds, au niveau du chakra du point terrestre, **l'Icosaèdre (3).**

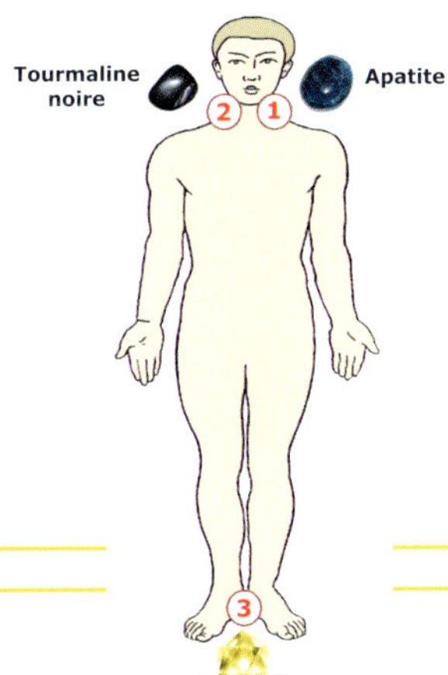

Méditation :

Pour quelle raison te sens-tu obligé de paraître ?

Cet exercice permet de développer les fonctions du Talu chakra.

22 Renouveau

Ce symbole ne représente en aucun cas la mort physique.
Bien au contraire, il symbolise une modification radicale extérieure, si l'on a la volonté de renaître.

Symbolique :

Deux squelettes imbriqués l'un dans l'autre semblent se quereller sur leur devenir, sans que l'un n'arrive à convaincre l'autre.
L'un représente le conscient, l'autre l'inconscient.

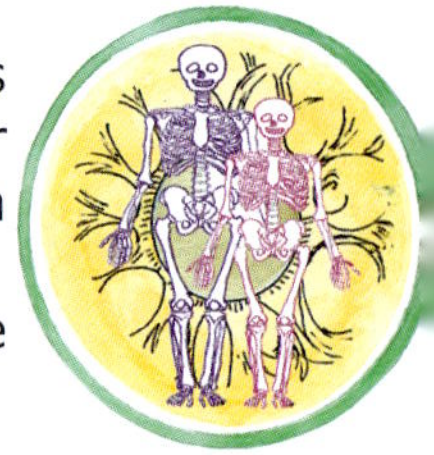

Interrogation :

- Es-tu immédiatement prêt aux évolutions nécessaires pour créer un futur axé sur un présent et non sur un passé enlisant ?

Pensées :

- Tu as maintenant en toi toute la lumière et la force pour renaître et repartir sur de bons rails.
- Avance sur ton nouveau chemin en toute confiance.
- Crois en ton intuition.

Conseils :

- Autorise-toi à lâcher prise sur les événements du passé.
- Sois l'instigateur conscient de ton renouveau et si ce dernier fait partie de ton chemin, ton inconscient te viendra en aide.

Pierre d'action	Pierre complémentaire	Solide de Platon	Chakra Spirituel

Jais	**Rhodonite**	**Dodécaèdre**	**Harmonie**

Chakra Coronal

Elément essentiel, garant de notre individualité, détenteur de notre **Chemin de Vie**, le coronal est le siège de notre vraie personnalité.

Application :

Le renouveau psychologique représenté par **le Jais** n'est, en fait, que le ralliement vers votre vrai **Chemin de Vie**.

En éveillant les énergies présentes, **la Rhodonite** vous apporte les messages du moment, de l'instant.
Encore faut-il pouvoir les écouter et les entendre.

Le Dodécaèdre, élément protecteur, vous procure le calme et la sérénité, le temps de votre réflexion intérieure.

Exercice :

Placez-vous au centre d'un triangle formé par **le Jais** (à droite)**, la Rhodonite** (à gauche) **et le Dodécaèdre** (devant).

Placez vos deux mains sur votre tête comme pour enlacer votre coronal.
Fermez les yeux et laissez-vous, un court instant, bercer par la beauté de votre musique intérieure.

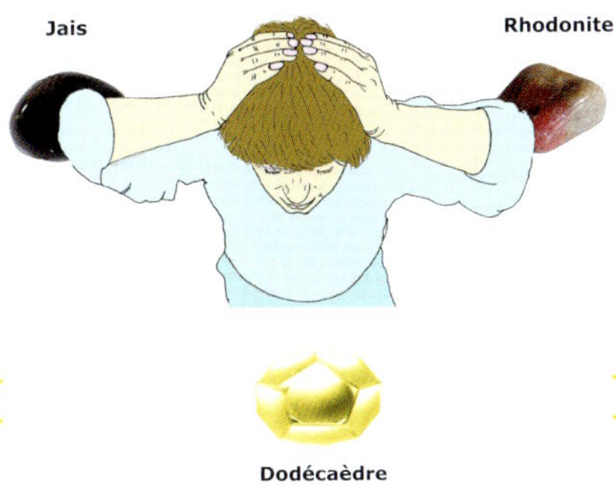

Méditation :

Pour quelle raison ne t'autorises-tu pas, dès maintenant, à dire oui à la Vie ?

Cet exercice, tout en relaxant, permet d'entendre les messages du Moi.

23 Reconnaissance

Une somme de connaissances, accumulée au pied d'un calice, explose en une multitude de couleurs énergétiques, libérant une masse d'énergie salutaire.

Symbolique :

Ce symbole indique que des connaissances accumulées par les nadis du corps, stockées et non utilisées s'échappent en une gerbe multicolore, impressionnante, belle, mais inutile.

Interrogations :

- Pourquoi as-tu peur de tes acquis et de tes connaissances ?
- T'autorises-tu à faire circuler utilement ces capacités enfouies au fond de toi ?

Pensées :

- Dans ta vie, cherche à être reconnu plutôt que connu.
- N'attends jamais une marque de reconnaissance dans tes actes, tu ne seras jamais déçu.
- Mais si le remerciement vient, tu en seras doublement récompensé.

Conseil :

- Il est temps, dès maintenant, de mettre tes capacités et tes connaissances au service de ceux qui méritent de faire évoluer, eux aussi, ces capacités et ces connaissances.

Pierre d'action	Pierre complémentaire	Solide de Platon	Chakra Spirituel

Mahagonite	**Azurite**	**Ico-dodécaèdre**	**Décision**

Chakra spirituel de la Décision

Toute décision entraîne son lot de contentements et de mécontentements.

Application :

La Mahagonite, reliée au chakra de Terre, et **l'Azurite** en lien avec les fréquences captées par vos nadis, permettent de vous apporter les énergies nécessaires pour prendre vos décisions.

Associez-les à **l'Ico-dodécaèdre** pour arrondir les angles.

Ces minéraux ne décideront pas pour vous, mais vous permettrons d'avoir suffisamment d'énergie pour le faire.

Exercice :

Placez sur votre table de nuit, en triangle, **la Mahagonite, l'Azurite et l'Ico-dodécaèdre** et laissez agir votre inconscient.

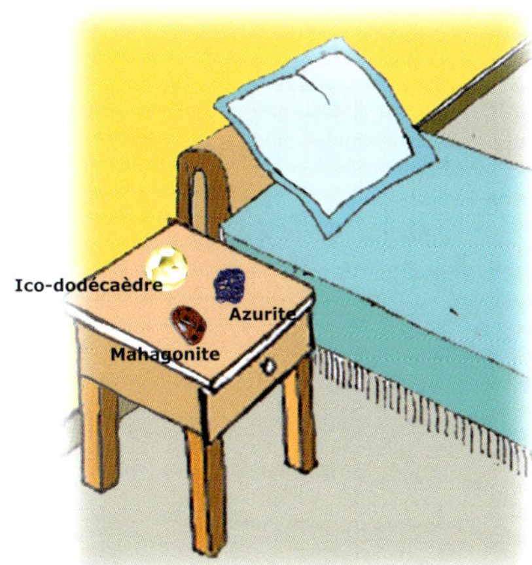

Réfléchissez et prenez votre décision...

Méditation :

Transmettre te permet d'acquérir.

Cet exercice aide énergétiquement à prendre des décisions.

24 Le long chemin

Tu es sur le point de ne plus croire en ton chemin, à force d'expériences qui ne te conviennent pas.
Ne t'installe pas dans l'acceptation des événements présents ou passés.

Symbolique :

Ce symbole démontre la dure réalité de l'existence.
Peu importe où nous nous situons, nous retournons immanquablement au sol avant de pouvoir, à nouveau, nous élever.
Le sage disait : **"Plus la quille du bateau est profonde, plus son mât peut s'élever sans risque de le faire chavirer..."**

Interrogations :

- Quelles épreuves de la vie as-tu peur de vivre ou de revivre ?
- De quelles évolutions profondes as-tu peur ?

Pensées :

- À trop faire confiance, tu perds la réalité de ton vrai chemin.
- Si tu es en bas, pense à monter, mais si tu es en haut, attends-toi à descendre : telles sont les grandes vérités du chemin.

Conseils :

- Autorise-toi, dans ta vie, à ne plus être perdant. Pour cela, trace ton chemin en bas avant de monter vers le haut.
- Cela te permettra, lors de la nouvelle descente, de retrouver tes marques afin de ne pas être perdu ou démuni, afin de mieux rebondir et remonter encore plus haut.

Pierre d'action	Pierre complémentaire	Solide de Platon	Chakra Spirituel

Jaspe dalmatien	**Quartz fumé**	**Cube**	**Chemin**

Chakra Spirituel du Chemin

Il est le premier des chakras spirituels.
Sans lui, aucun autre chakra spirituel ne pourrait exister.
Il est le commencement et le recommencement de tout.

Application :

Le Jaspe dalmatien est l'image du yin et du yang, rappelant l'ensemble des besoins énergétiques de **votre Chemin de Vie**.

Dans votre Chemin de Vie, le **Quartz fumé** vous permet d'**Oser dire Non** à la répétition d'événements difficiles.

Le Cube vous relie aux énergies de la Terre, vous donnant la force de rebâtir un "Nouveau".

Exercice :

En prenant l'un après l'autre **dans vos mains, le Jaspe dalmatien, le Quartz fumé et le Cube,** imprégnez-les d'une pensée constructive ou d'un projet.

Reproduisez le mandala du chemin en restant dans cette pensée ou ce projet.
A chaque pointe, disposez une pierre programmée.
Agissez dans la continuité de votre demande.

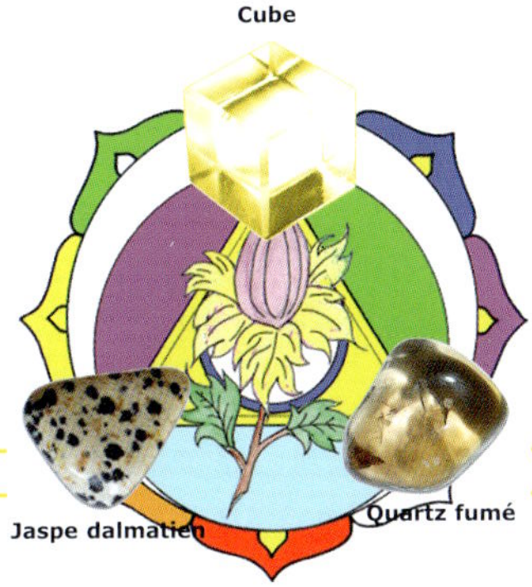

Le dessin de ce Mandala est à découper page 253

Méditation :

De qui
ou de quoi as-tu peur ?

La confection de ce Mandala permet de se projeter dans le temps.

25 La solution

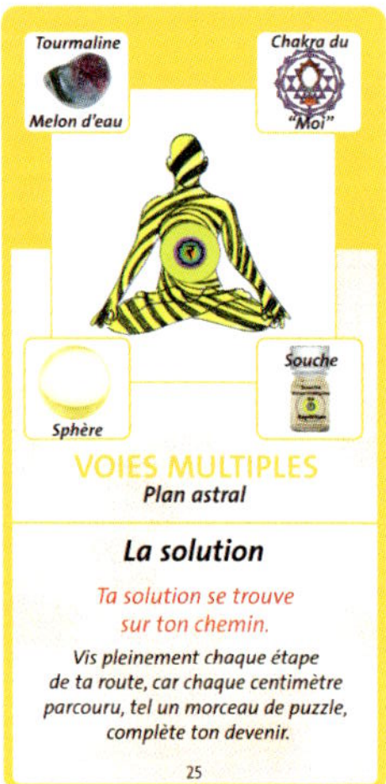

Tu as en toi, si tu ouvres les yeux, toutes les solutions pour alimenter ton énergie intérieure, permettant chaque jour d'avancer sur le chemin de ta vie.

Symbolique :

Ce symbole nous relie au chakra du plexus solaire. Situé à la jonction des vertèbres dorsales et lombaires, le chakra solaire est le troisième centre de la triade inférieure.

Il est donc directement associé au développement du Moi personnel. Dans la mesure où, lié au processus d'expression et de rayonnement de l'identité en lien direct avec la construction du chakra spirituel du rayonnement, il permet au Moi de s'affirmer et de s'exprimer pleinement.

Toutefois, s'il n'est pas convenablement harmonisé, il peut être à l'origine d'une attitude profondément égocentrique.

Tous les chakras ont des périodes d'activité plus intenses dans le cycle de l'existence: **le chakra solaire est particulièrement actif entre 14 et 21 ans puis entre 63 et 70 ans.**

Interrogations :

- Quelles tâches dans ta vie cherches-tu à ne pas faire ?
- Recherches-tu en permanence les moments de paix intérieure te permettant de te ressourcer ?
- Utilises-tu cette énergie pour avancer et générer ton rayonnement personnel ?

Pensées :

- Ta solution se trouve sur ton chemin.
- Vis pleinement chaque étape de ta route, car chaque centimètre parcouru, telle une pièce de puzzle, complète ton **Devenir**.

Conseil :

- Sois attentif et ouvert aux situations, aux paroles, aux conseils des autres, sans en être dépendant, ce qui peut te conduire sur la piste de tes attentes, et t'apporter des chemins de réponse aux interrogations posées.

Pierre d'action	Pierre complémentaire	Solide de Platon	Chakra Spirituel

Toumaline Melon d'eau	Shiva-lingam	Sphère	Moi

Chakra Spirituel du Moi

Juste situé avant le Divin, le chakra spirituel du Moi détermine le véritable état d'âme.

Application :

La Tourmaline melon d'eau apporte l'équilibre et la force du céleste pour discerner intuitivement le bien et le mal.

Le Shiva-lingam, complémentaire de **la Tourmaline melon d'eau,** en lien avec la terre, agit sur les perceptions physiques.

La Sphère contribue à votre sérénité en vous remplissant de sa douceur.

Le Quartz Herkimer renforce l'ensemble des énergies et génère un tourbillon énergétique de force.

Mandala énergétique du Moi.

Exercice :

Placez vos deux mains au-dessus de ce mandala et imprégnez-vous de cette énergie créative.

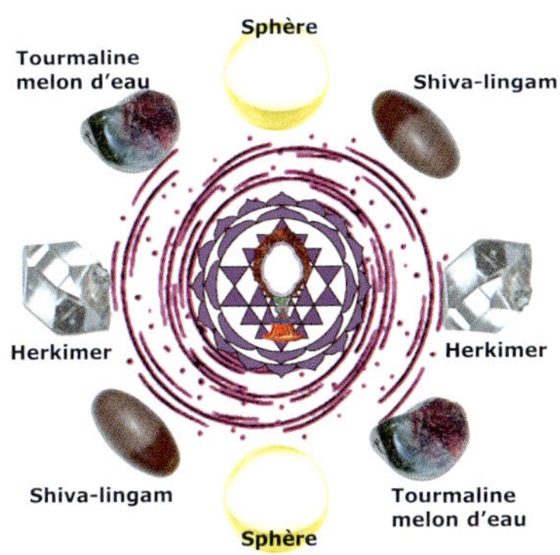

Osez utiliser les énergies emmagasinées dans votre Hara pour être Vous et surtout pour le rester.

Le dessin de ce mandala est à découper page 257

Méditation :

A compter d'aujourd'hui, autorise-toi à utiliser à bon escient, en tout lieu et à tout moment, tes capacités d'écoute et de ressourcement.

La confection de ce mandala permet de se retrouver face au chemin.

26 La Répétition

Peu importe ton âge ou ta situation, à tout moment, si tu le désires, tu peux commencer à vivre aujourd'hui pour demain et non hier pour demain.

Symbolique :

Le symbole du **Noeud Infini** rappelle par l'entrelacement des lignes que tous les phénomènes sont reliés, interdépendants et qu'ils sont aliénés par des causes et des conditions.

C'est un symbole rayonnant, calme et avancé qui ne comporte pas d'interruption.

Dans la mesure où ce noeud n'a ni commencement, ni fin, **il reflète aussi l'infinité de la connaissance,** mais surtout la possibilité à tout moment d'entrer dans la sagesse de la connaissance pour éviter la répétition afin d'évoluer.

Interrogations :

- Pour quelles raisons profondes ne t'autorises-tu pas à ranger le passé sans en rayer le vécu ?
- Pourquoi n'as-tu plus confiance dans tes forces intérieures pour avancer ?

Pensées :

- Le moment est venu de te libérer des erreurs répétitives du passé.
- À compter de maintenant, crée-toi un futur basé sur ton présent et non plus fondé sur ton passé.
- Ose te projeter dans le futur et tu reprendras confiance en toi.

Conseil :

- Regarde les divergences entre ton conscient et ton inconscient.
- Autorise-toi à "achever dignement l'ancien" pour te rendre entièrement disponible au nouveau, sans confondre vitesse et précipitation.

Pierre d'action	Pierre complémentaire	Solide de Platon	Chakra Spirituel

Agate mousse	**Magnétite**	**Merkaba étoilé**	**Le Bonheur**

Chakra Frontal

Siège et rassembleur de toutes les perceptions, le chakra frontal grave à vie les informations conscientes ou inconscientes.

Application :

Rien ne peut s'effacer.

l'Agate mousse apporte au frontal les énergies nécessaires pour véhiculer les informations perçues à votre "Centre de Vies" : Le Nirvana.

La Magnétite pierre de jugement, amplifie vos perceptions physiques et spirituelles.

Le Merkaba étoilé capte dans toutes les directions les chemins de réponse aux questions posées.

Exercice :

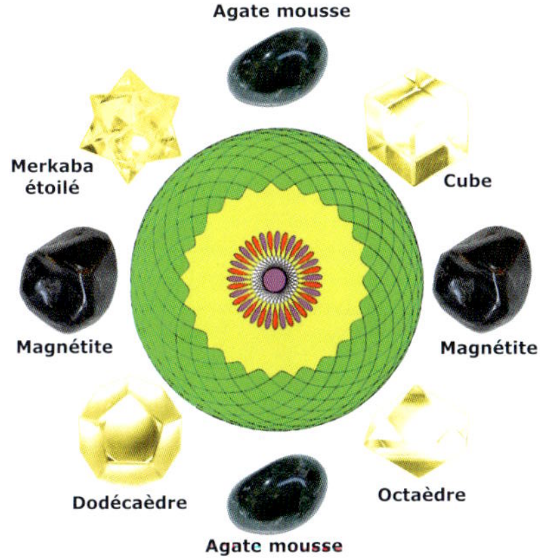

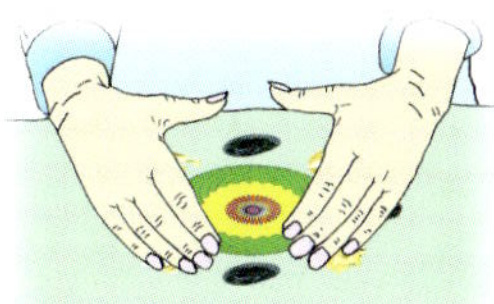

Coiffez de vos deux mains ce mandala pour en prendre les énergies.

Le dessin de ce mandala est à découper page 255.

Méditation :

Réfléchis sur les événements d'hier agissant sur ta vie d'aujourd'hui.
Autorise-toi à les ranger sans les rayer pour éviter la répétitivité.

La confection de ce mandala permet de se réveiller comme on s'est endormi : sans surprise.

27 Avoir le dessus

Ce symbole nous rappelle notre besoin d'équilibre en tout lieu et en tout moment.
Il nous permet de réagir, mais surtout d'agir dans l'équité de notre chemin.

Symbolique :

Le double Vajra, également appelé **Vajra universel,** proclame la présence de l'absolu dans les six directions cardinales (le nord, le sud, l'est, l'ouest, le dessus et le dessous). Il sert également de symbole d'harmonie, d'immuabilité et de connaissance universelle.

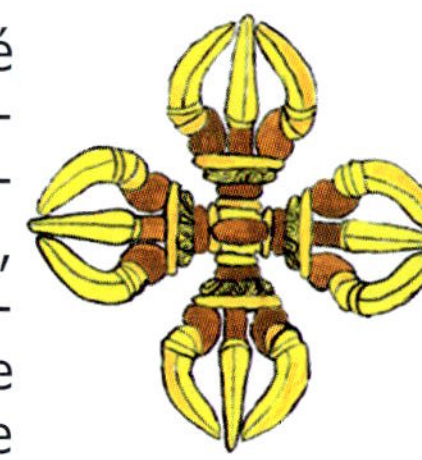

Interrogation :

- Quelle direction prise hier t'empêche d'avancer aujourd'hui ?

Pensées :

- Libère-toi des vieux dictons qui te conduisent vers la supériorité.
- Retrouve l'enfant intérieur qui ne t'a jamais quitté et ouvre les yeux sur le monde féerique qui répartit équitablement la lumière.

Conseils :

N'oublie jamais de préserver ta notion d'équité et d'équilibre.
- Si tu montes, pense que tu vas redescendre…
- Si tu rayonnes, pense à alimenter ce rayonnement…
- Si tu connais, pense à transmettre pour pouvoir à nouveau apprendre…

Pierre d'action	Pierre complémentaire	Solide de Platon	Chakra Spirituel

Chalcopyrite	**Béryl-Héliodore**	**Tétraèdre**	**Rayonnement**

Chakra Spirituel du Rayonnement

Il permet de vous libérer des vieilles croyances.
Si vous pensez être "attaqué", "envahi" psychologiquement, au lieu de chercher des protections, agissez pour rayonner.
Vous repousserez sans effort ces attaques ou présupposées attaques.

Conseils :

La Chalcopyrite permet de vous aidez à vous libérer des vieilles croyances. Elle vous aide à lutter contre certaines personnes utilisant la peur pour mieux vous contrôler.

Le Béryl-Héliodore vous permet d'avoir la force de dépasser vos peurs, vos croyances, et d'être sous l'emprise des autres.

Le Tétraèdre, force de feu engendrant l'énergie tétraédrique, remplit votre aura générée d'énergies salutaires et constructives.

Si vous vous référez à ces trois énergies rayonnantes et constructives, votre conscient ne subira plus les déconvenues engendrées par les autres.

Il suffit d'y croire et de se remplir de l'égrégore formé par ces deux pierres et de ces quatre formes de Platon.

Exercice :

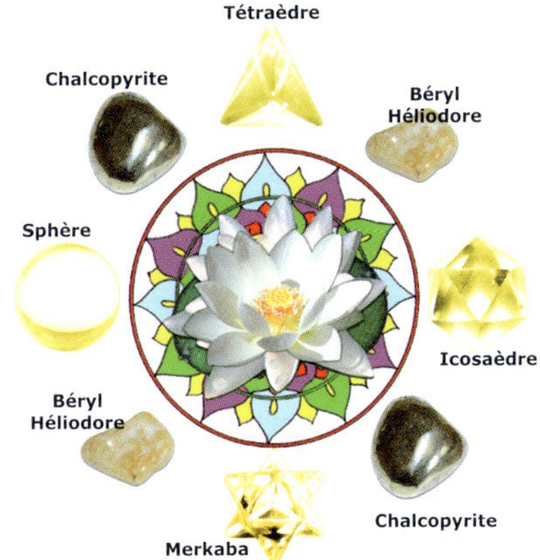

Le dessin de ce Mandala est à découper page 255

Méditation :

**As-tu peur de te montrer tel que tu es vraiment ?
Montrer tes faiblesses te donne la possibilité de vivre avec celles-ci.**

La confection de ce mandala permet de comprendre que seul le rayonnement engendré par l'action peut dégager de l'emprise des autres.

4 - Les neuf cartes de la lignée "Richesses"

28 Compréhension

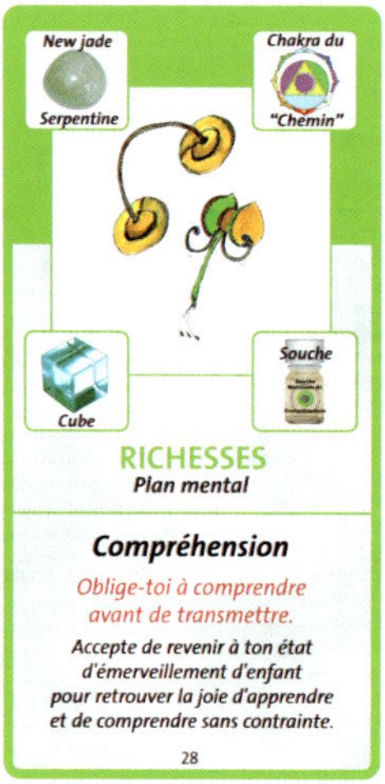

Symbolique :

Le symbole du double tambourin pourvu de battants reliés par une ficelle générant un bruit de percussion qui correspond à la notion de fugitivé des choses, célèbre la victoire sur les dépassements des difficultés.

Il permet d'éveiller à la connaissance les personnes qui dorment les yeux ouverts.

Le symbole des cymbales incite les puissances qui furent appelées à séjourner sur terre à rester en contact avec l'être humain.

Interrogation :

- Pourquoi as-tu peur de demander pour comprendre et évoluer ?

Pensées :

- Oblige-toi à comprendre avant de transmettre.
- Accepte de revenir à ton état d'émerveillement d'enfant pour retrouver la joie d'apprendre et de comprendre sans contrainte.

Conseils :

- Ne dis jamais "Je sais", cela empêcherait la demande, au cas très probable où tu ne saurais pas vraiment tout.
- Accepte, au fond de toi, d'être l'écolier en quête de réponses.

Pierre d'action	Pierre complémentaire	Solide de Platon	Chakra Spirituel
		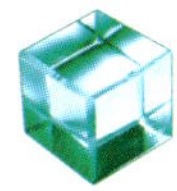	
New jade Serpentine	**Fluorine terre**	**Cube**	**Chemin**

Chakra Cardiaque

Il est le centre des chakras principaux.
Il représente l'équilibre physique.

Application :

La New jade Serpentine, par son rayonnement, vous aide à conserver votre équilibre en vous donnant les possibilités de comprendre votre vécu.

La Fluorine terre vous transmet ses énergies pour avancer dans le temps linéaire en contrôlant le temps cyclique.

Le Cube vous relie en permanence à la terre, vous autorisant à vous élever spirituellement sans vous déséquilibrer.

Voilà un **exercice** simple à effectuer pour générer l'équilibre de votre **chakra Cardiaque** :

Prenez dans votre main gauche **la New jade Serpentine** et dans votre main droite **la Fluorine terre.**

A dix pas devant vous, déposez au sol **le Cube.**
Retournez au point de départ, dix pas en arrière.

Après avoir fixé intensément **le Cube** sur le sol, fermez vos yeux et dirigez-vous vers **le Cube**.
Essayez et réessayez jusqu'au moment où votre lâcher prise vous conduira en ligne droite vers **le Cube**.

Méditation :

Quand es-tu vraiment réveillé ?

Cet exercice contribue à faire confiance à l'inconscient, garant du véritable équilibre.

29 Emprisonnement

Deux liens emprisonnent la main gauche.
L'un, autour de l'index, du majeur et de l'annulaire.
L'autre ligature les "racettes", lieux incontournables de passage énergétique.

Symbolique :

Ce symbole attire notre attention sur nos freins intérieurs qui rendent impossibles toute évolution.
En se ligotant la force, le lien avec nos origines et la possibilité de relationnel, nous nous interdisons d'avancer.

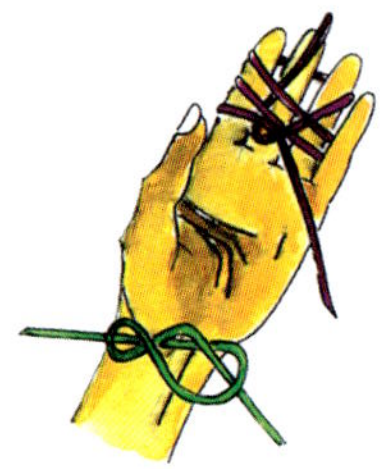

Interrogation :

Pour quelle raison veux-tu t'autodétruire ?

Pensées :

- Cesse de te culpabiliser et sors de l'emprisonnement dans lequel tu t'es réfugié.
- Pense à tous ceux qui ont besoin de ton aide ou de tes connaissances. Pour eux et pour toi, libère-toi.

Conseils :

- Retrouve dans ta jeunesse les moments où l'on a délibérément voulu te rabaisser.
- Apprends à être l'ami de ton "NEDI" (Nœud évolutif dévalorisant intérieur*) et non constamment son ennemi.

* Bien vivre mon relationnel

Pierre d'action	Pierre complémentaire	Solide de Platon	Chakra Spirituel

Quartz neige	Fluorine verte	Octaèdre	Le Choix

Lumière intérieure

Autorisez-vous à faire jaillir de tous les nadis de votre corps votre lumière intérieure.

Application :

Le Quartz neige ou laiteux vous aide, si vous agissez, à sortir de votre confinement intérieur.

La Fluorine verte agit sur vos trois équilibres énergétiques (physique, éthérique et spirituel).

L'Octaèdre reflète ces énergies pour en assurer le rayonnement.

Exercice :

Installez-vous confortablement devant une table sur laquelle vous aurez, au préalable, allumé une bougie blanche.

Encadrez cette lumière avec **le Quartz neige, la Fluorine verte et l'Octaèdre.**

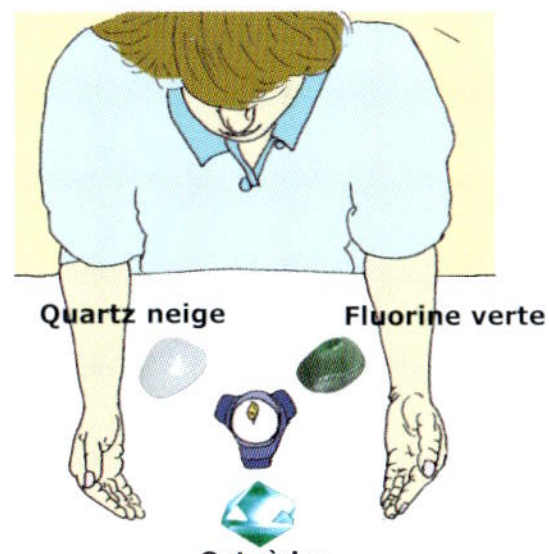

Posez vos mains de part et d'autre de cette énergie flamme-minéraux.

Dites à haute voix :
"A partir de ce moment, je m'autorise à être visible et je prends conscience que personne ne peut éteindre ma flamme intérieure".

Méditation :

Quand diras-tu vraiment OUI à la vie?

Cet exercice aide à comprendre que l'on ne doit plus jamais se laisser éteindre par les autres.

30 Créativité

Deux mandalas de lotus entourent et préservent la roue du devenir, de l'action, de l'enseignement (carte 19. Agir) mais surtout permettent à celle-ci une stabilité dans son avancée.

Symbolique :

Ce symbole nous rappelle que rien n'a de commencement ni de fin, que tout est continuité.
Comme l'eau de la rivière ne sera jamais pareille au même endroit, ce que nous vivons ne pourra jamais se revivre de la même façon.
Les deux cercles de lotus, symboles de l'éveil et de la potentialité, nous préservent des maux et des influences extérieures si nous savons être attentifs et réveillés.

Interrogation :

- Pourquoi as-tu peur de montrer au grand jour tes qualités créatrices?

Pensées :

- Tu es guidé.
- Crois en tes qualités de créateur.
- Ton esprit se charge de contacter le Divin afin de t'emmener vers la découverte d'éléments vitaux pour ton avancée.

Conseils :

- Prends conscience de tes acquis, tout en sachant que tu ne les transmettras jamais deux fois de la même manière.
- Cette façon de voir l'enseignement t'autorisera à grandir dans ta connaissance sans peur de la répétitivité.

Pierre d'action	Pierre complémentaire	Solide de Platon	Chakra Spirituel

Cuivre	**Améthyste**	**Icosaèdre**	**Respect**

Montée énergétique

Plus votre circuit énergétique est conséquent, plus vous supporterez sans conséquence désagréable cette affluence d'énergie.

Application :

Le Cuivre natif, reconnu comme conducteur d'énergie permet de renforcer vos circuits énergétiques physiques naturels en réveillant par cette faculté vos possibilités.

L'Améthyste, lien incontournable de l'énergie céleste, recrée les cheminements vitaux éthériques.

L'Icosaèdre assure la stabilité entre ces deux éléments énergétiques.

Cet **exercice** permet de développer vos circuits énergétiques structurels.

Placez **l'Icosaèdre** entre vos talons.

Prenez **le Cuivre natif** dans la main gauche.
Toujours avec la main gauche, tracez un circuit allant du majeur de la main droite jusqu'au laryngé.

Prenez **l'Améthyste**, dans la main droite.
Toujours avec la main droite, tracez un circuit allant de l'orteil du milieu de votre pied gauche jusqu'au nombril.

Vous venez de rappeler à votre corps l'existence de méridiens annexes énergétiques.

Méditation :

Quels sont tes trésors de connaissance, si petits soient-ils, que tu as peur de dévoiler ?

Cet exercice permet de générer un circuit énergétique annexe permettant l'évacuation du surplus d'énergie.

31 Equilibre

Symbolique :

Le Vajra, sceptre de diamant, seigneur des pierres, incarne la nature de l'esprit indestructible en soi et l'éveil.

Les cinq branches supérieures représentent les cinq sagesses indispensables au véritable équilibre intérieur:

- La sagesse de voir et d'accepter le reflet de soi.
- La sagesse de l'égalité.
- La sagesse de la distinction.
- La sagesse de la projection dans le "demain" pour le vivre pleinement lorsqu'il arrive.
- La sagesse de l'espace-temps, qui admet que le temps est le même pour tous, tout en acceptant la différence de nos activités dans ce même espace -temps.

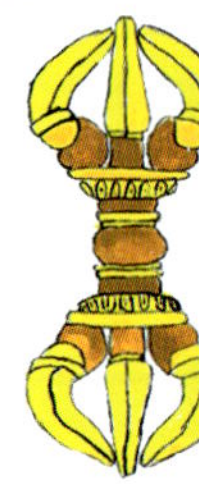

Les cinq branches inférieures représentent les cinq bouddhas féminins (les cinq mères), garants de l'équilibre spirituel, et qui nous relient aux cinq éléments, la terre, l'eau, le feu, l'air et l'espace. Le tout contenu dans chacun des trois niveaux : aurique, physique et mental.

Interrogations :

- As-tu peur de recevoir de l'extérieur des conseils sous forme de prémonitions ?
- As-tu peur de te montrer tel que tu es vraiment ?

Pensées :

- Tu es un tout.
- Tout en étant conscient de ta présence terrestre, n'oublie jamais ton lien au Céleste et demande-lui conseil.
- En toi résident toutes les forces et toutes les richesses qui te permettent de garder sereinement ton équilibre.

Conseil :

- Prends conscience que le céleste peut te guider, mais vérifie toujours où tu poses tes pieds avant de t'engager dans ton avancée.

Pierre d'action	Pierre complémentaire	Solide de Platon	Chakra Spirituel
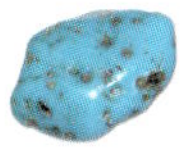			
Turquoise	**Jaspe rouge**	**Sphère**	**Moi**

Ascension Energétique - Kundalini

La montée énergétique de la Kundalini permet l'ascension de toutes vos connaissances terrestres vers **votre Divin,** détenteur de votre **Chemin de Vie.**

Application :

La Turquoise a pour vertu de relier votre **Mission de Vie** à votre Divin.

Le Jaspe rouge, relié aux chakras spirituels, permet d'agir en relation avec votre **Mission Terrestre**.

La Sphère, symbolise le parfait et l'immensité du céleste. Elle démontre que l'être humain est infiniment petit.

Chaque fois que, consciemment, vous prouvez à votre Moi profond la justesse de vos actions, votre Divin ouvre la porte de votre inconscient, vous délivrant de nouveaux messages prémonitoires.

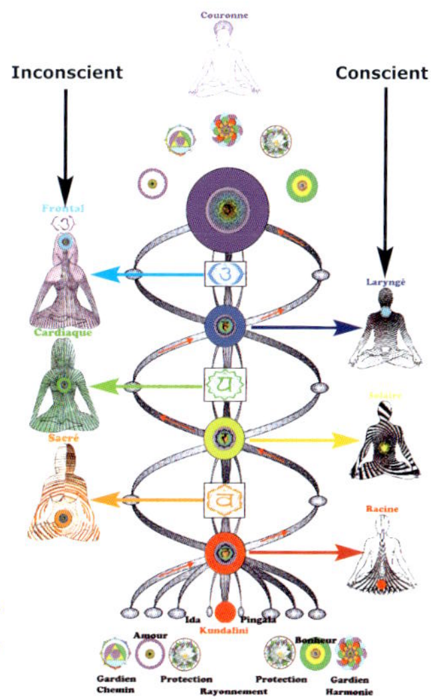

Méditation :

Ne rejette plus tes ressentis.

Ce schéma décrit les circuits énergétiques de la montée de la Kundalini spirituelle.

32 Le charme

Une mandoline, guidée par des mains inconnues, semble entonner un air charmeur.

Symbolique :

Ce symbole nous invite à croire en nos possibilités de réalisation si nous sommes capables de transformer notre musique intérieure en musique extérieure.
Il nous indique également que nous ne devons pas nous laisser endormir par l'éphémère de la vie.

Interrogations :

- As-tu confiance en ton rayonnement?
- Crois-tu en tes possibilités cachées de **"Musicien de ta vie"** ?

Pensées :

- Aujourd'hui, fais-toi enfin confiance !
- Utilise ton charme et ta personnalité pour tes réalisations.
- Ta source spirituelle intérieure peut enfin agrémenter le cours de ta vie.

Conseil :

- **Ose** jouer de tes capacités, **ose** faire vibrer tes forces vitales, pour rayonner et avancer vers ton chemin de vie.

Pierre d'action	Pierre complémentaire	Solide de Platon	Chakra Spirituel
	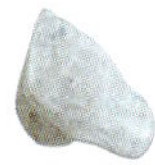		
Gorgone	**Pétalite**	**Merkaba étoilé**	**Le Bonheur**

Beauté intérieure

La beauté est bien souvent à l'intérieur.
Seuls les êtres vibrant sur la même fréquence pourront la voir.

Application :

La Gorgone, animal pluricellulaire primitif des mers chaudes, rappelle par son squelette calcaire, sa beauté, et cela des milliers d'années plus tard.

La Pétalite, vibrant sur l'ensemble des fréquences de votre corps, fait ressortir au grand jour ce que, dans votre nuit intérieure, vous voulez cacher.

Le Merkaba étoilé, associé à ces deux éléments, propage vos vibrations aux quatre coins de l'univers.

Exercice :

Allongez-vous, placez **le Merkaba étoilé à 30 cm** au-dessus de votre tête **(1)**.

Positionnez **la Gorgone (2)** à gauche et **la Pétalite (3)** à droite, de part et d'autre de vos oreilles.

Laissez-vous envahir par les images que votre inconscient vous transmettra.

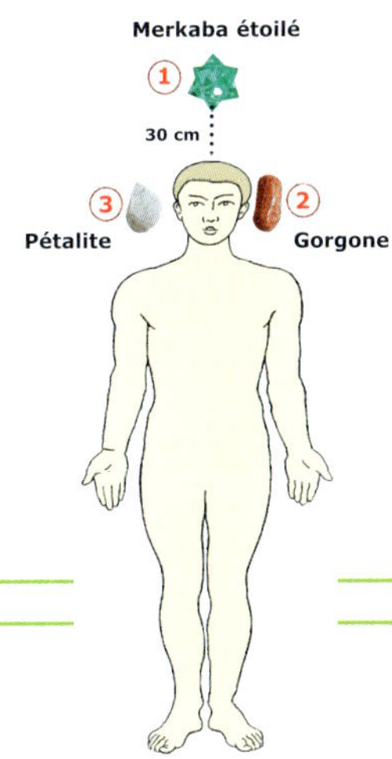

Méditation :

Que voudrais-tu réellement faire dans ta vie ?

Cet exercice permet de comprendre qu'il vaut mieux être reconnu que connu.

33 Recherche de l'équilibre

Le lotus est une plante qui se reproduit et grandit grâce à sa propre matrice, sans être alimentée par la terre.

Symbolique :

Huit Vajras, sceptres de diamant, seigneurs des pierres, semblent être projetés vers l'extérieur, dans une gerbe de rayonnement aurique.

Un cercle de lotus, symbolise l'éveil ou la potentialité de l'éveil.

Symbole de la connaissance et de la vacuité, véritable nature de soi, il permet de reprendre le contrôle de son existence par une vue totale de son passé pour ne pas refaire un présent issu de celui-ci.

Interrogations :

- Dans ta vie as-tu besoin d'une béquille pour avancer ?
- As-tu besoin d'attendre l'autorisation de l'autre pour avancer ?

Pensées :

- Redeviens le responsable de ton équilibre.
- Tu es capable de prendre les rênes de ta vie en main.
- Ne crains plus la réaction de l'autre, pense enfin à toi.

Conseil :

- Autorise-toi, à partir de ce jour, à décider de ton avancée dans ta vie sans supporter constamment les freins de personnes qui ne veulent pas évoluer.

Pierre d'action	Pierre complémentaire	Solide de Platon	Chakra Spirituel

Tourmaline verte	**Silex**	**Dodécaèdre**	**Harmonie**

Equilibre physique

Pour trouver votre équilibre physique, il est plus qu'important de trouver votre bien- être en pensant d'abord à vous.

Application :

La Tourmaline verte réputée pour énergiser le **Mana chakra,** ascenseur de la Kundalini, agit sur l'équilibre géré par votre inconscient.

Le Silex agit en symbiose sur le temps cyclique.
Il est responsable de votre équilibre mental et physique.
Il vous permet de comprendre les messages véhiculés par **le Mana chakra.**

Exercice :

Dans cette catégorie, le **Dodécaèdre** régulera vos énergies, renforçant votre équilibre physique et mental.

Tout en pensant à ce qui vous ferait plaisir, placez devant vos pieds légèrements écartés, **le Dodécaèdre (1), la Tourmaline verte (2) et le Silex (3).**

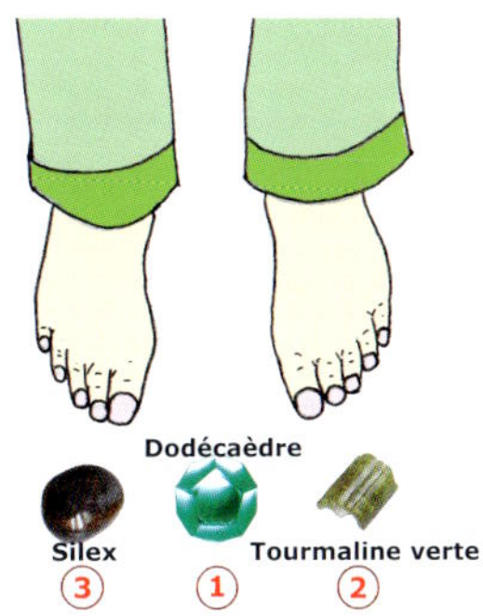

Méditation :

De quel souvenir dévalorisant dois-tu te libérer ?

Cet exercice permet au corps de choisir ses énergies de besoin pour retrouver son équilibre.

34 L'effort surhumain

Un éléphant majestueux porte la roue de l'enseignement.

Symbolique :

Le précieux éléphant fait partie, comme le précieux cheval, des sept emblèmes de la royauté.
Il symbolise la force de mille éléphants.
Sa peau blanche lui donne une apparence et une forme superbes.
Il aide à dépasser les obstacles, même ceux qui sont réputés insurmontables.
Il accomplit cette mission, dans l'eau, sur la terre, et dans l'espace.

Interrogations :

- As-tu des griefs contre certains faits de ta vie ?
- Vis-tu dans la rancune ?

Pensées :

- Si ce que tu entreprends est passion, rien ne te paraîtra surhumain.
- Dans ta vie, si tu ne laisses nulle place au ressentiment, aucune de tes pensées ne te semblera impossible à réaliser.

Conseil :

- Autorise-toi les richesses de la vie pour construire et évoluer et tu n'auras plus peur de les recevoir.

Pierre d'action	Pierre complémentaire	Solide de Platon	Chakra Spirituel

Quartz rutile	**Magnésite**	**Ico-dodécaèdre**	**Décision**

Silence

Seul votre Silence vous permet d'écouter et d'entendre.

Application :

Le Quartz rutile autorise l'avancée, comme le silence permet d'emmagasiner les connaissances.
Le Quartz rutile absorbe l'énergie dans ses filaments pour la redonner à qui sait la mériter.

La Magnésite, en lien avec le chakra frontal aide à gérer les énergies captées par les nadis du corps humain.

L'Ico-dodécaèdre, dans ce cas de figure, transforme au plus près l'énergie inconsciente (en réalité consciente), transformant le silence en paroles intérieures.

Accordez-vous le temps de vous promener dans la nature, **la Magnésite et le Quartz rutile dans votre poche gauche, l'Ico-dodécaèdre dans celle de droite.**

Soyez prêt à entendre et à écouter ce que la nature veut vous faire **écouter et entendre.**

Méditation :

Si tu transmets, sois sûr d'être compris sans forcer la compréhension.

Cet exercice permet d'entendre, dans le silence, les bruits de la Vie.

35 Recherche des forces

Cette fleur est l'une des trois fleurs sacrées dont font aussi partie le lotus et la fleur de Campa.
Elle fleurit dans le récipient d'eau bénite d'Amitayus, l'une des manifestations du Bouddha Amitabha.

Symbolique :

Ce symbole nous relie à la sagesse et au discernement.

Interrogation :

- As-tu peur d'oser franchir le pas décisif te permettant d'être en équité entre ton conscient et ton inconscient ?

Pensées :

- Si une porte te semble fermée, garde l'espoir de la franchir.
- Recherche au fond de toi les forces qui, depuis ta naissance, te donnent l'énergie de parcourir ton chemin.

Conseils :

- Trop être prudent empêche la spontanéité.
- Trop être réticent, empêche les opportunités.
- Mais être trop rapide empêche le discernement.
- A toi de choisir le juste milieu.

Pierre d'action	Pierre complémentaire	Solide de Platon	Chakra Spirituel

Calcite miel	**Oeil de tigre**	**Merkaba**	**L'Amour**

Plan Aurique

Comme une ampoule électrique utilise de l'énergie pour briller, votre rayonnement aurique, lui aussi, en demande énormément.

Application :

La Calcite miel apporte l'ensemble des énergies nécessaires au Rayonnement.

L'Oeil de tigre, par sa vocation psychologique de protection, calme le besoin inutile de rayonner.

Dans ce cas de figure, **le Merkaba** retrouve ses fonctions de chariot, récoltant vos énergies non utilisées ou gaspillées pour vous les redonner au moment opportun. Quand votre besoin de rayonner se fera sentir, si la cause en est utile, **autorisez-vous à** porter dans votre poche gauche l'une des trois pierres, choisie en rapport avec votre besoin :

La Calcite miel pour rayonner et vous rendre visible.

L'Oeil de tigre pour vous sécuriser.

Le Merkaba pour récolter vos énergies économisées. Cette dernière solution étant de loin la meilleure.

Exercice :

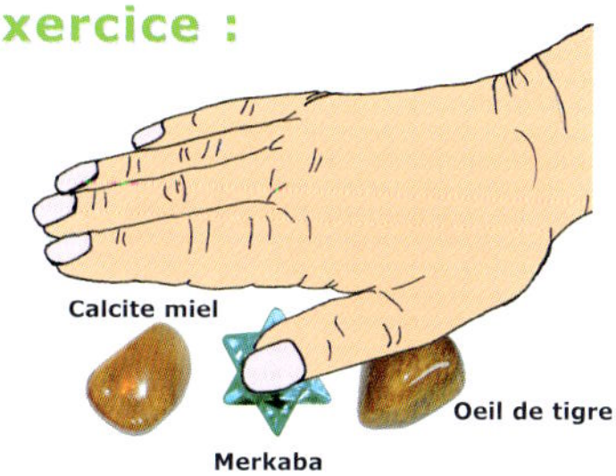

Imprégnez-vous de l'ensemble des énergies des trois pierres.

Méditation :

Dans ton comportement, cherche toujours le juste milieu pour pouvoir agir sans possibilité de recul ou de renoncement.

Cet exercice permet d'apprendre à rayonner à bon escient.

36 Matérielle et spirituelle

Ce vase, surmonté d'un joyau flamboyant assurant sa fermeture, symbolise une continuité d'abondance, de richesses et de bien-être tant matériels que spirituels.

Symbolique :

Cette forme particulière de vase fait partie des huit symboles de bonheur.

Il symbolise l'exaucement d'un voeu spirituel ou matériel grâce au lien distinctif le reliant à certaines divinités en rapport avec la richesse et les joyaux spirituels de l'illumination...

Ce symbole ouvre toutes les possibilités si l'on se donne la peine d'y mettre un "pourquoi".

Interrogations :

- As-tu réfléchi au pourquoi tu as peur de perdre?
- Te sentirais-tu perdu sans tes acquis d'aujourd'hui ?

Pensées :

- Sois fier si la transmission de ta connaissance permet à d'autres d'avancer.
- Accumuler des richesses matérielles ou spirituelles sans jamais les utiliser freine l'acquisition de nouvelles ressources spirituelles.

Conseil :

- Fais ressurgir la sagesse enfouie tout au fond de toi en t'autorisant de nouvelles approches de connaissances.

Pierre d'action	Pierre complémentaire	Solide de Platon	Chakra Spirituel
		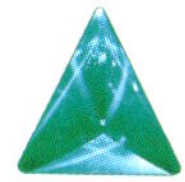	
Fluorine verte	Péridot	Tétraèdre	Rayonnement

Plan Physique

Apprendre à s'autoriser à rendre "visible" ou "invisible" votre corps physique amène votre lot de positif et de négatif.

Application :

La Fluorine verte permet, soit de vous rendre psychologiquement "visible", soit "invisible", en fonction de vos besoins, de la situation ou de votre rayonnement présents.

Le Péridot, par son énergie sélective, agit plus sur le fait d'être reconnu que connu.

Le Tétraèdre vous apporte l'ensemble des énergies de besoin.

Exercice :

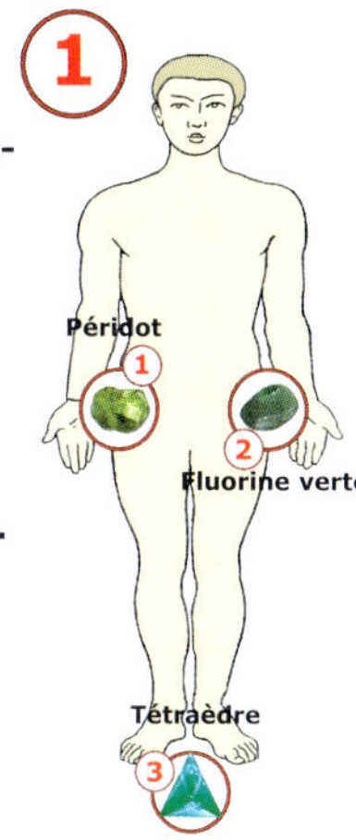

Se rendre psychologiquement visible :

Fluorine verte (2)
coté gauche.

Péridot (1)
coté droit.

Téraèdre (3)
chakra du point terrestre.

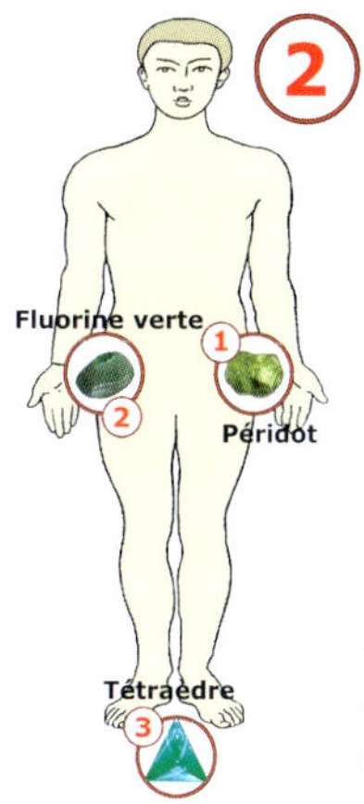

Se rendre psychologiquement invisible :

Fluorine verte (2)
coté droit.

Péridot (1)
coté gauche.

Téraèdre (3)
chakra du point terrestre.

Méditation :

N'aie plus peur de perdre et tu ne perdras plus.

Cet exercice apprend au corps à être à l'écoute de ses besoins du moment.

5 - Les neuf cartes de la lignée "Intuitions"

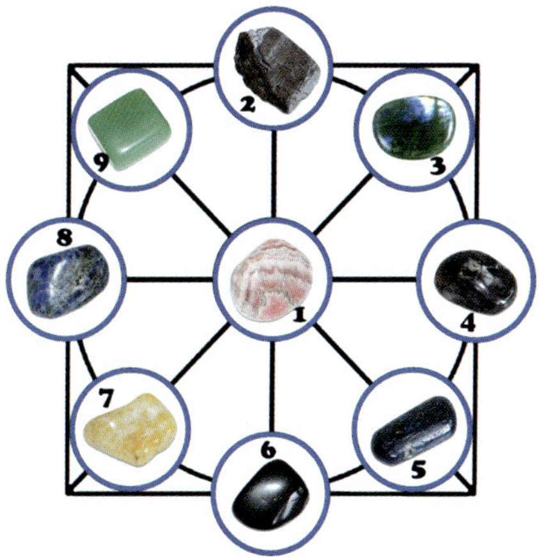

37 Libre arbitre

Symbolique :

Ce symbole représente un **Stupa** vu de dessus.
Les premiers stupas furent édifiés en terre battue, ils étaient de forme hémisphérique.
Puis vinrent les constructions en pierres et en briques. Les unes et les autres abritaient des reliques ou des écrits sacrés.

Interrogations :

- **Prends-tu rapidement, en toute indépendance, tes décisions ?**
- As-tu des prédispositions te permettant de t'adapter rapidement aux situations subites ?

Pensées :

- Autorise-toi à ne pas accepter et à dire non.
- Sois toujours fidèle à ta parole et à tes engagements, ainsi tu conserveras ton indépendance et ton "libre-arbitre".

Conseil :

- Prends le temps d'analyser les décisions importantes de ta vie.

Pierre d'action	Pierre complémentaire	Solide de Platon	Chakra Spirituel

Rhodochrosite	Calcite bleue	Cube	Chemin

Chakra laryngé

Appelé chakra de la gorge, il régit l'ensemble des informations collectées par votre corps physique.
Il décide de les rejeter ou de les transmettre à vos chakras de conscience.
Lorsqu'il y a saturation ou dysharmonie, **c'est "avoir les boules!"**

Application :

La Calcite bleue(1) vous relie à vos messages inconscients.

La Rhodochrosite(2) renforce votre désir d'agir en prenant consciemment les choses en main, vous apportant bien souvent le pourquoi de cette encombrement énergétique.

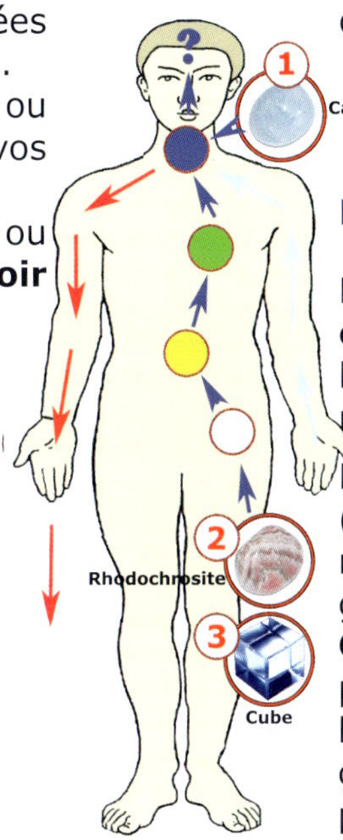

Le Cube(3), vous reliant à la terre, vous empêche de fuir votre présent.

Exercice :

Pensez aux actions à engager pour agir sur les causes d'encombrement et de dysharmonie.
Placez la **Rhodochrosite (2)** et **le Cube(3)** au niveau de votre genou gauche, tandis que la **Calcite bleue(1)** sera posée entre l'oreille et l'épaule gauche, renforçant les posibilitées de parler ou de se taire.

Méditation :

Décide si ce que tu construis est fait de sable ou de briques.

Cet exercice a pour but de désengorger le laryngé.

38 Entendre

L'intuition revêt beaucoup de formes. Bien souvent abritée sous un feuillage protecteur, elle se niche, attendant d'être, non pas découverte, mais entendue et comprise.

Symbolique :

Quatre cloches aux quatre points cardinaux écoutent et rassemblent les informations du céleste.

Interrogations :

- As-tu peur d'être à ton écoute ?
- Acceptes-tu les messages conscients ou inconscients du plus petit que petit, de l'insignifiant ?

Pensées :

- Si tu sais écouter le bruissement des feuilles dans les arbres, tu sauras entendre ta voix intérieure.
- Apprends à entendre le murmure de ton cœur et tu sauras écouter les conseils de ton inconscient.

Conseils :

- Tu as un grand besoin de croire aux messages de ton inconscient, mais tu as aussi besoin de les conforter par des réalités conscientes.
- Si tu notes et dates tes ressentis et que tu vérifies leur véracité, tu croiras en ton intuition et tu la développeras.

Pierre d'action	Pierre complémentaire	Solide de Platon	Chakra Spirituel

Galène	Oeil de fer	Sphère	Moi

Chakra laryngé - Harmonisation

Le chakra laryngé peut être considéré comme le filtre de vos émotions et ressentis conscients ou inconscients.

Application :
Pour harmoniser un centre énergétique en dysharmonie, le plus efficace est d'agir sur les causes de cette dernière. Bien souvent, pour agir sur ces causes, il vous manque le petit coup de pouce énergétique pour oser agir.

La Galène, véritable poste émetteur-récepteur, aide le laryngé à dissocier les messages stabilisants ou déstabilisants.

L'Oeil de fer, active la fusion ou la dissociation du bien et du mal.

Associée à ces pierres, **la Sphère** arrondit les angles, détend l'atmosphère, procure une stabilité au laryngé.

Exercice :

Tout en cofectionnant votre mandala, méditez sur la question suivante :

"Qui ou quoi mobilise l'ensemble de mes énergies, déstabilisant mon laryngé ?"

Mandala du laryngé

Le dessin de ce mandala est à découper page 257

Méditation :

Pour quelles raisons as-tu peur de tes ressentis ?

Ce mandala permet de réfléchir sur le choix d'agir ou de ne pas agir sur les événements déstabilisants.

39 Vision pénétrante

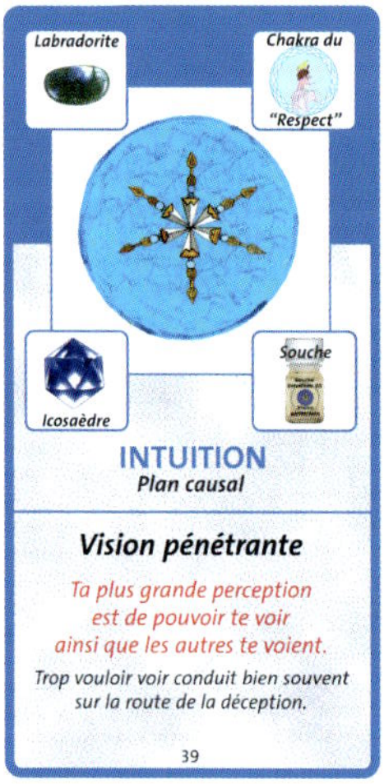

Symbolique :

L'objet reproduit six fois dans ce mandala est appelé **Phurba ou Vajrakila,** ce qui se traduit par "pointe du tonnerre".

C'est le symbole de la vision pénétrante qui va jusqu'au fond des choses.

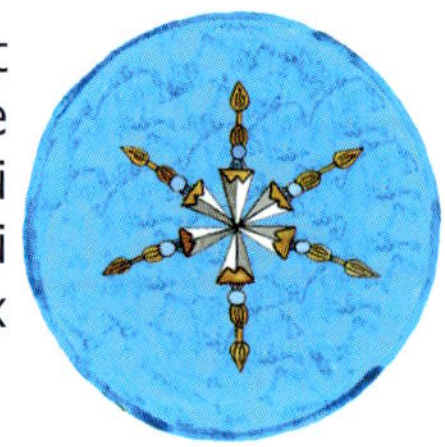

Dans son chemin, l'ignorant est dépendant de ses sens, mais le sage n'en est pas ébranlé. C'est pourquoi la sagesse des six vérifications, qui conduit à l'évolution, vaut mieux que toute richesse.

Interrogations :

- Prends-tu le temps de conforter tes acquis par les applications de tes connaissances ?
- Si "oui", continue à les vérifier pour les faire grandir au moins six fois.
- Si "non", accepte, avant de les utiliser pour les autres, de ne t'en servir que pour toi.

Pensées :

- Ta plus grande perception est de pouvoir te voir ainsi que les autres te voient.
- Trop vouloir voir conduit bien souvent sur la route de la déception.

Conseil :

- Prends ton bâton de pèlerin et, sans cesse, recherche, découvre et vérifie par des applications personnelles de tes acquis, que rien n'est jamais parfait.

Pierre d'action	Pierre complémentaire	Solide de Platon	Chakra Spirituel

Labradorite	Bois fossilisé	Icosaèdre	Respect

Vision pénétrante

Vous permet de ressentir avec respect, voire de pressentir les événements à court terme.

Le petit sage disait :
"Il ne suffit pas de voir, il faut surtout assumer d'avoir vu".

Application :

Des énergies ayant franchi vos auras, **la Labradorite** vous permet de les trier.

Le Bois fossilisé permet de mémoriser dans la durée vos facultés de perception.

L'Icosaèdre, associé à ces deux minéraux, amplifie la perception et le ressenti dans toutes les directions.

Exercice :

Développement aurique.

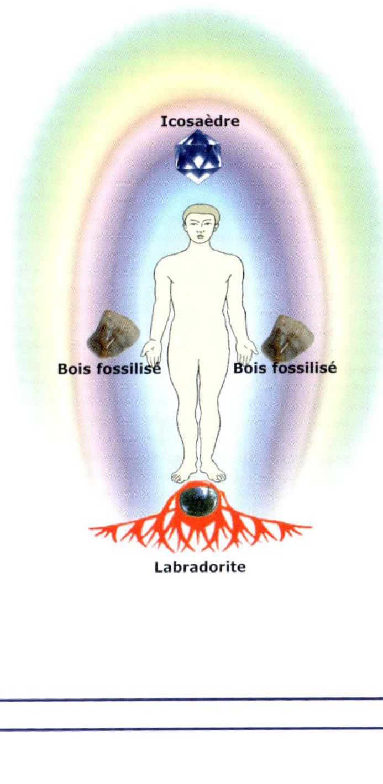

Méditation :

Dans quelle discipline crois-tu être parfait ?

Cet exercice permet de développer les perceptions sensorielles.

40 Découvertes

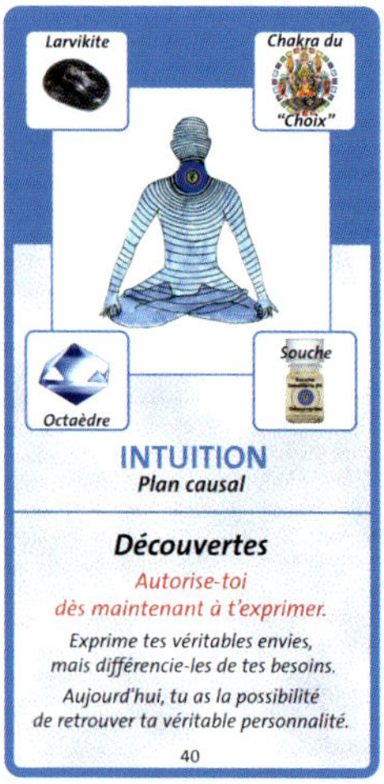

Symbolique :

Le chakra laryngé est situé entre la fosse jugulaire et le larynx, au niveau de la cinquième vertèbre cervicale.

Il est considéré comme un filtre émotif directement associé au Talu chakra, autorisant la parole ou le silence.

Il se base, avant d'être déçu, sur la confiance, l'authenticité et l'intégrité.

Ainsi, le chakra laryngé permet au conscient de voir avant de juger.

Toutefois, désharmonisé, il peut être à l'origine de certaines déviances (mutisme, mensonges et illusions...) liées à la relation avec autrui.

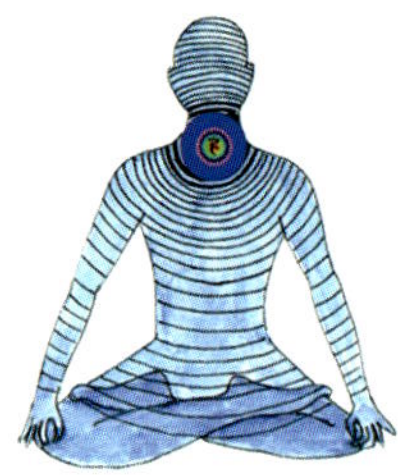

Le chakra laryngé est particulièrement actif entre 28 et 35 ans puis entre 77 et 84 ans.

Interrogation :

- Donnes-tu aux autres la possibilité de s'exprimer ?

Pensées :

- Autorise-toi, dès maintenant, toi aussi, à t'exprimer.
- Exprime tes véritables envies, mais différencie-les de tes besoins.
- Aujourd'hui, tu as la possibilité de retrouver ta véritable personnalité.

Conseil :

- Prends le temps d'écouter, de réfléchir, avant de parler ou de prendre des décisions bien souvent irréversibles ou dévalorisantes.

Pierre d'action	Pierre complémentaire	Solide de Platon	Chakra Spirituel
	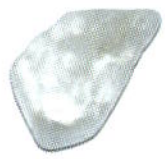		
Larvikite	**Ulexite**	**Octaèdre**	**Le Choix**

Ethérique - Harmonie

Votre circulation énergétique éthérique est la clef de votre bonne santé énergétique.

Application :

Tous vos méridiens structurels de digitoponcture ont pour véhicule l'énergie éthérique, permettant de transporter une action énergétique extérieure vers un besoin énergétique intérieur.
D'où l'importance, bien souvent ignorée, de l'énergie éthérique.

La Larvikite, en lien avec le monde subtil, vous permet d'agir inconsciemment avant que votre conscient ne soit touché.
Elle est un amplificateur d'énergie éthérique.

L'Ulexite, en adoucissant la dureté de certaines agressivités, vous préserve de vos réactions brutales éthériques, diminuant vos coups de colère incontrôlés.

L'Octaèdre, dans ce cas de figure, reflète vos réactions et vous permet d'y remédier rapidement.

Exercice :

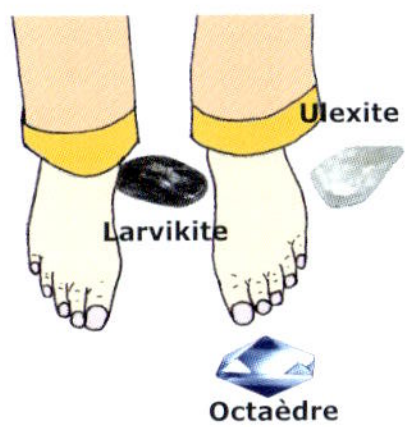

1-Encadrer votre pied gauche d'une triangulaire énergétique composée des deux pierres et de l'Octaèdre.

2-Tout en plaçant votre main droite sur le mandala du Rayonnement.

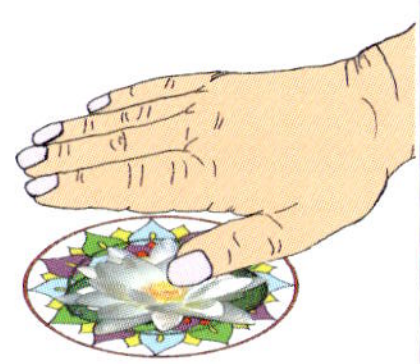

Le dessin de ce Mandala est à découper page 255.

Méditation :

**Dans quelle situation t'es-tu déjà emballé à tort ?
Range ces événements
et vis aujourd'hui pour demain
et non avec hier.**

Cet exercice réveille la circulation énergétique éthérique.

41 Construire

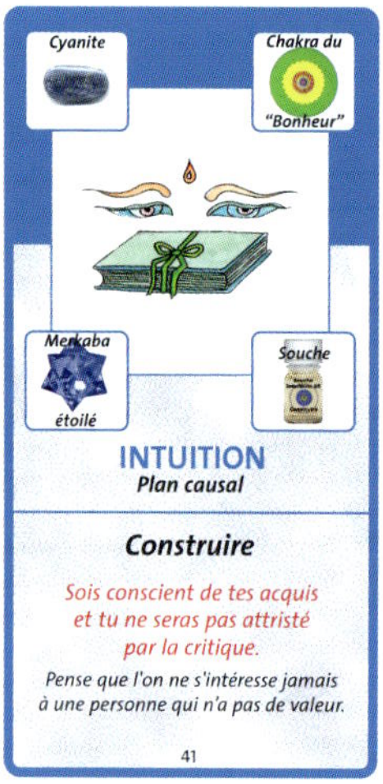

Symbolique :
Ce symbole représente les "yeux de Bouddha" pouvant tout voir : notre extérieur bien évidemment, mais surtout notre intérieur, allant jusqu'à notre jardin secret.
On trouve souvent cette illustration sur les quatre faces du **Stupa népalais.**

Le Livre Sacré est un symbole de sagesse, en particulier de "perfection de la connaissance ou de la sagesse transcendantale".
Il indique l'érudition et la sagesse qui est, dans le bouddhisme, la plus importante force spirituelle car elle seule peut permettre d'obtenir la libération d'un être et le faire sortir de la souffrance.

Interrogation :

- As-tu peur que l'on puisse découvrir ce que tu caches tout au fond de toi ?

Pensées :

- Sois conscient de tes acquis et tu ne seras pas attristé par la critique.
- Pense que l'on ne s'intéresse jamais à une personne qui n'a pas de valeur.

Conseil :

- Autorise-toi à consigner dans le grand livre de tes connaissances ce que tu sais pour enrichir ceux qui croient savoir.

Pierre d'action	Pierre complémentaire	Solide de Platon	Chakra Spirituel

Cyanite	Cristal de sel	Merkaba étoilé	Le Bonheur

Accepter

Avoir le Bonheur de savoir accepter ne veut, **en aucun cas,** signifier **capituler**.
Seuls les ignares ne savent pas accepter leurs erreurs.

Application :

Le petit sage disait :
"Sans erreur, rien ne pourrait évoluer... Répéter l'erreur devient une faute".

La Cyanite permet, par ses qualités intuitives, de discerner l'erreur de la faute.
Elle nous aide, si nous agissons, à ne pas tomber dans les erreurs répétitives.

Le Cristal de sel amplifie notre état évolutif de transformation intérieure.
Lorsque vous surmontez vos erreurs, vous économisez l'énergie utilisée pour combattre vos fautes.
Le Merkaba étoilé vous permet de regarder dans toutes les directions d'où proviennent vos erreurs.

Exercice :

Programmez chaque pierre l'une après l'autre en pensant à la phrase suivante :
"A partir d'aujourd'hui, je m'autorise à accepter les cadeaux de la vie..."

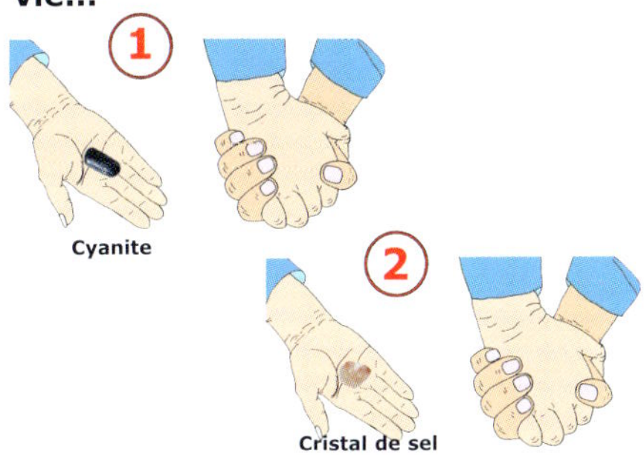

Puis, placez-les dans une pièce de vie.

Méditation :

La satisfaction est le meilleur anesthésiant, la passion et l'évolution continue en sont l'antidote.

Cet exercice permet de ressentir et d'agir sur les erreurs pour éviter les fautes déstabilisantes.

42 Evoluer

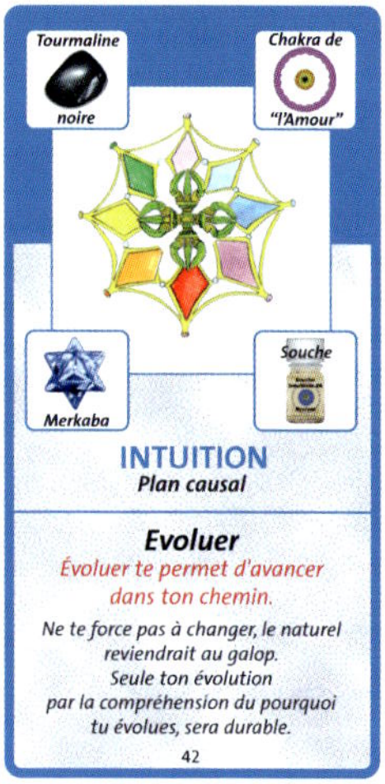

La satisfaction est le meilleur anesthésiant, la passion et l'évolution continue en sont l'antidote.

Symbolique :

Ce symbole représente une toile élaborée avec méthode, prenant la forme d'une étoile à huit branches, attirant auprès d'elle, par ses multiples couleurs, toute personne voulant se ressourcer pour mieux avancer.

Interrogations :

- As-tu peur d'évoluer ?
- As-tu peur de passer par la case "Amour" ou "Bonheur" ?

Pensées :

- Évoluer te permet d'avancer dans ton chemin.
- Ne te force pas à changer, le naturel reviendrait au galop.
- Seule ton évolution par la compréhension du pourquoi tu évolues, sera durable.

Conseil :

- Si tu restes identique à toi-même dans toutes tes actions, tu te reconnaîtras dans celles-ci. Mais si tu t'identifies à d'autres, tu somnoleras dans les méandres du faux.

Pierre d'action	Pierre complémentaire	Solide de Platon	Chakra Spirituel

Tourmaline noire	New jade Serpentine	Merkaba	L'Amour

Evoluer

Par votre hérédité et le pourquoi de votre **Chemin de Vie,** il vous est difficile, voire impossible, de vous "changer..." (chassez le naturel, il revient au galop).
Heureusement il vous est possible **d'évoluer.**

Application :

La Tourmaline noire a pour action psychologique de vous soutenir dans vos voies de recherche et de compréhension. Elle vous relie aux énergies terrestres, vous permettant d'entendre, et peut- être d'écouter les "voix de la terre".

La New jade Serpentine, complémentaire de **la Tourmaline noire**, active ses fonctions.

Le Merkaba facilitera le transport de vos ressentis évolutifs vers vos chakras de conscience.
Cela vous permet, si vous le désirez, d'appliquer vos ressentis pour évoluer.

Exercice :

Créez ce mandala et impregnez-vous de ces énergies pour trouver les forces pour continuer votre évolution.

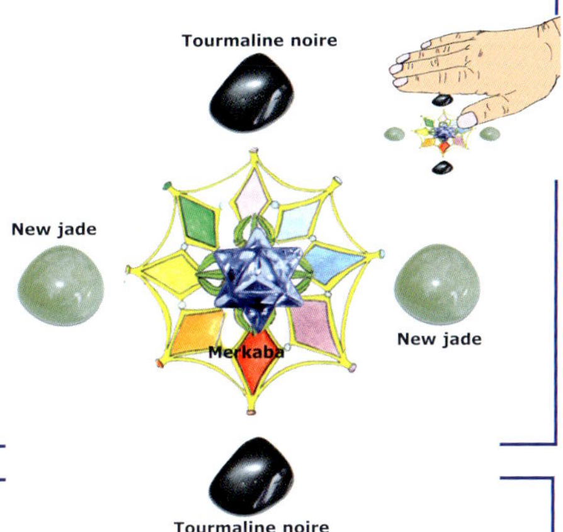

Le dessin de ce mandala est à découper page 257

Méditation :

Es-tu dans le vrai ou dans le faux?

Ce mandala et cette réflexion permettront d'évoluer en ayant compris le sens de l'évolution.

43 Aboutissement

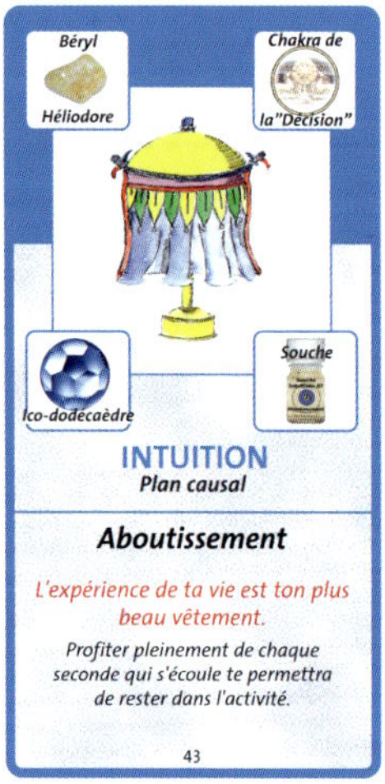

La seule vraie victoire spirituelle est celle sur toi-même dans ton chemin.

Symbolique :

Le symbole de la victoire symbolise surtout celle sur l'ignorance.
Il proclame, en outre, l'élimination de tous les obstacles.
Ce qui signifie, en définitive, la victoire sur tous les désaccords et sur tous les freins permettant d'atteindre l'état de bonheur (cinquième chakra spirituel).

Interrogation :

- De quelles victoires as-tu le plus besoin pour te permettre de vivre pleinement chaque seconde du passage dans ta vie terrestre ?

Pensées :

- L'expérience de ta vie est ton plus beau vêtement.
- Profiter pleinement de chaque seconde qui s'écoule te permettra de rester dans l'activité.

Conseil :

- Si tu es dans un état de bonheur, pense à utiliser ces moments courts et particuliers pour prévoir la continuité de ce bonheur, afin qu'il se transforme en amour sur un nouveau chemin, rayonnant et harmonieux.

Pierre d'action	Pierre complémentaire	Solide de Platon	Chakra Spirituel

Béryl-Héliodore	Calcédoine	Ico-dodécaèdre	Décision

Aboutir

"Ce n'est jamais la fin, mais toujours le commencement de quelque chose", disait le petit sage.

Aboutir, n'est jamais une fin, mais toujours un nouveau commencement.

Application :

Le Béryl-Héliodore vous permet de prendre conscience de votre avancée.
Son énergie vous permet de dépasser la chute de stress vous ayant permis d'aboutir.

La Calcédoine agit sur votre Moi en vous donnant les impulsions énergétiques pour redémarrer de nouveaux projets.

L'Ico-dodécaèdre nous fait comprendre, par sa forme se rapprochant beaucoup de **la Sphère**, que rien n'est parfait.
Aboutir ne reflète peut-être pas forcémment la perfection mais tend vers elle.

Exercice :

Alongez-vous, en vous entourant des pierres et de **la Sphère en pensant à un nouveau projet (4).**

Le Béryl-Héliodore(1) : au-dessus de la tête.

La Calcédoine (2) :
au chakra du point terrestre.

L'Ico-dodécaèdre (3) :
devant le majeur de la main gauche.

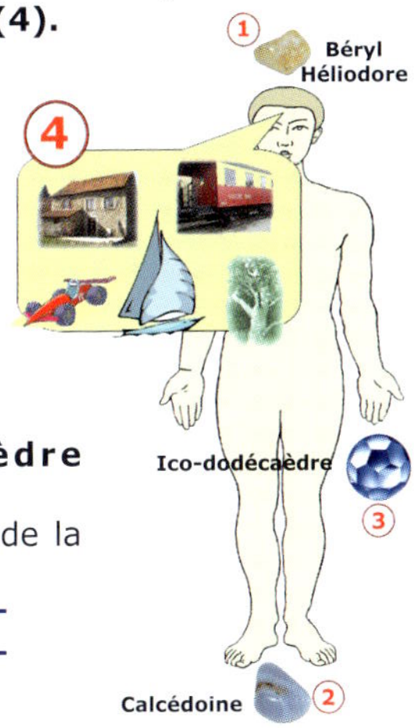

Méditation :

**Pourquoi as-tu peur
de t'autoriser
des moments de bonheur ?**

Ces conseils et cet exercice rappellent que rien n'est la fin, mais toujours le commencement.

44 Le temps

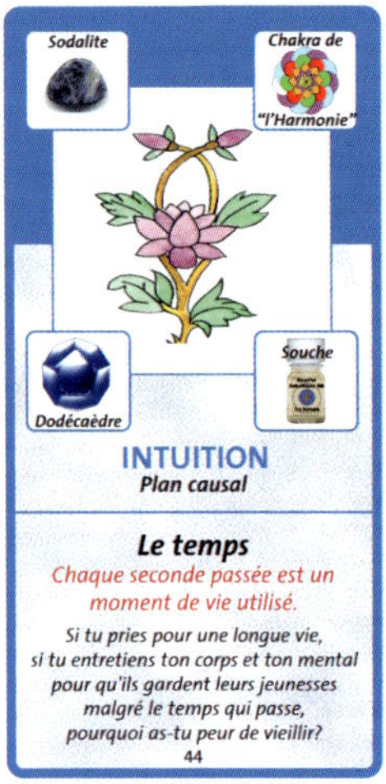

Symbolique :

Le pouce et l'index d'une main tiennent le lotus triple dont la branche, le bourgeon et la fleur symbolisent les trois temps : passé, présent et futur, générant la forme de développement la plus élevée de l'esprit, du langage et du corps.

On désigne aussi les trois joyaux du bouddhisme, Bouddha (l'éveillé), Dharma (l'enseignement) et Sangha (la communauté des croyants) sous le vocable de Triratna.

Interrogation :

- Vis-tu aujourd'hui dans le passé ou veux-tu vivre pleinement au présent ?

Pensées :

- Chaque seconde passée est un moment de vie utilisé.
- Si tu pries pour une longue vie, si tu entretiens ton corps et ton mental pour qu'ils gardent leurs jeunesses malgré le temps qui passe, pourquoi as-tu peur de vieillir ?

Conseil :

- **Vis pleinement l'instant présent et tu rayonneras demain grâce aux actions d'aujourd'hui.**

Pierre d'action	Pierre complémentaire	Solide de Platon	Chakra Spirituel

Sodalite	Chalcopyrite	Dodécaèdre	Harmonie

Temps linéaire

Le temps linéaire est le même pour tous, ce qui nous rend différent, c'est ce que nous faisons pendant ce Temps.

Application :

La Sodalite, en accord avec le chakra laryngé et le chakra spirituel de l'harmonie, vous permet d'utiliser au mieux le temps linéaire.
C'est un auxilliaire précieux du temps **"Cyclique".**

La Chalcopyrite vous permet de relier l'astral au causal, vous aidant à gérer au mieux votre temps cyclique.

Le petit sage disait : "Si on pouvait prévoir le contenu de la seconde qui vient, elle serait utilisée pleinement lorsqu'elle arrive..."

Le Dodécaèdre, en compagnie des fréquences de **la Sodalite et de la Chalcopyrite,** isole des influences extérieures.

Voilà pourquoi, dans le même espace-temps, certains feront deux fois plus de choses que d'autres.

Méditation :

Que dois-tu faire pour vivre pleinement le moment présent ?

Ces conseils permettent de comprendre pourquoi la gestion du temps "dans le Temps" est importante.

45 Equilibre intérieur

Symbolique :

Ce symbole représente deux mains dont les doigts sont légèrement entrelacés, ce qui correspond à la position fondamentale et au geste de l'équilibre absolu dans la méditation.
Cette posture symbolise un état dans laquelle la conscience objective est tout bonnement annulée.
Celle-ci ne perçoit plus son environnement matériel immédiat car elle nous immerge complètement dans la perception d'un espace illimité, sous le regard des "yeux de Bouddha" pouvant voir notre extérieur bien évidemment, mais surtout notre intérieur, allant jusqu'à notre jardin secret.

Interrogation :

- Sais-tu, dans les moments agités, retrouver ton calme et ta sérénité ?

Pensées :

- **Ne te laisse pas déstabiliser par autrui.**
- Tout comme l'eau calme et reposée d'un étang devient claire, ta tranquillité intérieure t'apportera la sérénité.

Conseil :

- **Pose une question précise,** focalise-toi sur cette question, laisse ton esprit aller à la recherche des chemins de réponse, **recueille ces indications et agis.**

Pierre d'action	Pierre complémentaire	Solide de Platon	Chakra Spirituel

Jade Néphrite	Turquoise	Tétraèdre	Rayonnement

Equilibre Intérieur

Rien n'est plus important que votre Paix intérieure.
Pour cela, vous n'avez aucunement le droit de vous mentir à vous-même.

Application :

Si dans vos actes, vous êtes conscient du positif généré et du négatif engendré, vous conserverez votre équilibre intérieur.

La Jade Néphrite, par ses qualités énergisantes, vous aide à être dans votre paix intérieure.

La Turquoise est réputée pour son lien avec les énergies célestes. En rencontrant vos énergies divines, elle éloigne toute dévalorisation.

Le Tétraèdre contribue à assurer la continuité énergétique demandée par les besoins d'équilibre.

Exercice :

Ecrire de positif et le négatif engendrés par certains de vos actes, afin de ne pas subir en retour les effets psychosomatique.

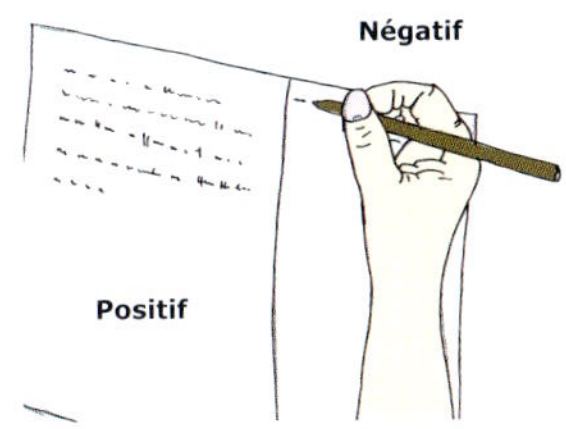

Méditation :

Quelle fragilité est responsable de ta déstabilisation intérieure ?

Ces conseils orienterons vers l'Etre véritable.

6 - Les neuf cartes de la lignée "Sagesse"

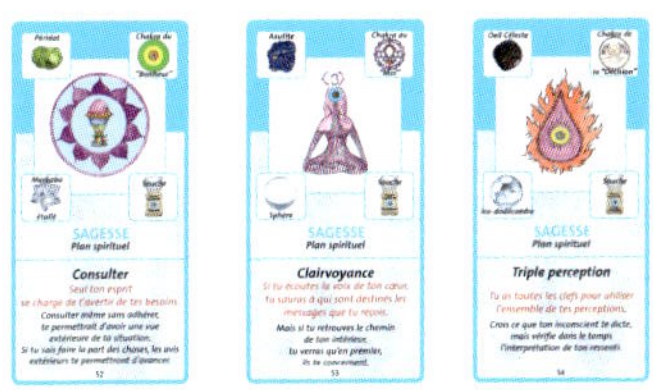

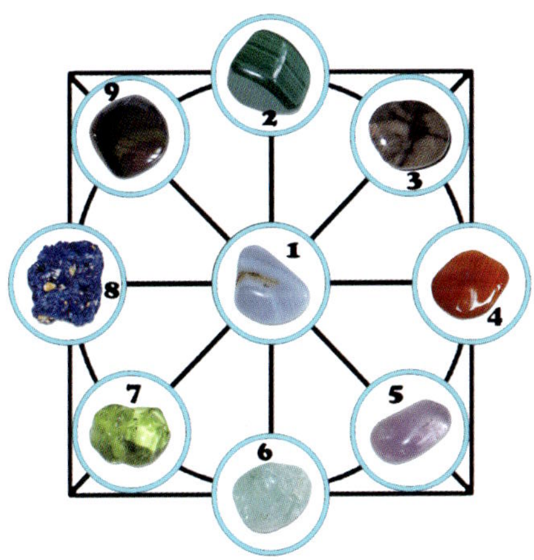

46 Connaissance

Symbolique :

L'épée enflammée sert à accéder à la connaissance car elle permet de trancher le noeud de l'ignorance. Son rayonnement flamboyant permet, en outre, de se sentir éloigné des dangers.
Elle nous vient en aide, chaque fois que nous nous mettons nous-même en danger, en coupant nos pensées destructives.

Interrogation :

- Oseras-tu brandir l'épée **te permettant de te construire plutôt que de te détruire ?**

Pensées :

- Tes connaissances permettent ton équilibre entre ce que tu es et ce que tu dois devenir.
- Apprends à connaître qui tu es et tu sauras ce que tu deviendras.

Conseil :

- Donne un sens à ce que tu entreprends, trouve les mots pour l'exprimer, ne baisse pas les bras, tu trouveras les failles de ton projet.

Pierre d'action	Pierre complémentaire	Solide de Platon	Chakra Spirituel

Calcédoine	Gorgone	Merkaba	L'Amour

Légèreté

Se dégager des entraves de vos défauts, de vos peurs, vous rendra agréable et léger.

Application :

La Calcédoine (1), en lien avec le Talu chakra, vous permet de vous libérer du poids des difficultés emmagasinées tout au long de votre existence.

la Gorgone (2), complément de **la Calcédoine (1),** vous dirige vers la voie de la réconciliation avec votre **NEDI** (Noeud évolutif dévalorisant intérieur).

Le Merkaba (3) contribue à ranger les événements, libérés, lourds et pesants.

Exercice :

Cet exercice dégage les énergies stockées sur l'épaule gauche (NEDI)
Allongez-vous.
Placez la Calcédoine (1) sur votre épaule gauche.
Placez la Gorgone (2) sur votre épaule droite.
Placez le Merkaba (3) à 30 cm au-dessus de votre tête.

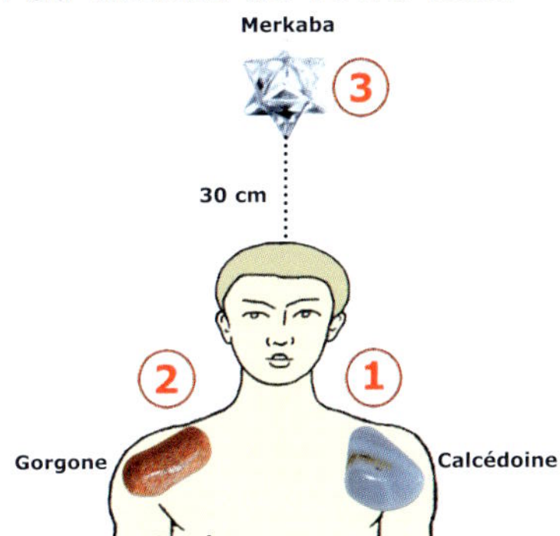

Relaxez-vous une dizaine de minutes.

Méditation :

Donne-toi le droit d'avancer dans ta vie sans le poids du regard des autres.

Cet exercice permet de trouver, pour quelque temps, la légereté pour agir.

47 Prendre conscience

Symbolique :

Ce symbole représentant un Vajra croisé attire notre attention sur les quatre types de réactions conscientes : la paix, la croissance mais aussi, le pouvoir et la violence.

Il nous associe également, en nous mettant à l'épreuve du temps, aux douze facteurs indépendants de notre avancée terrestre: l'ignorance, les impulsions héréditaires, la conscience au sens propre comme au sens figuré, l'égocentrisme, les perceptions de tout ordre, les sentiments, les sensations, le vouloir, les besoins, le futur, le renouveau et la sagesse de l'âge.

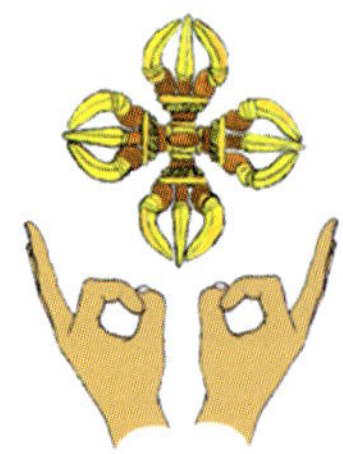

Interrogation :

- As-tu peur de vieillir, physiquement et moralement ?

Pensées :

- Ton évolution est le garant de ton équilibre.
- Prends conscience que tout travail est "prière" et que chaque prière te relie au divin.
- Agis dans le sens de cet objectif et tu prendras conscience de la réalité divine.

Conseils :

- Immanquablement, chaque action entraînera une réaction formant une chaîne se rattachant au maillon précédent.
- Ose consciemment être en accord avec cette relativité.
- Pense que l'on est toujours attaché au passé, mais que l'on n'est pas forcé d'en être dépendant.
- Construis ton futur sur un présent solide, sur des fondations stables et profondes, en acceptant la réalité du "moment".

Pierre d'action	Pierre complémentaire	Solide de Platon	Chakra Spirituel

Malachite	**Aigue marine**	**Tétraèdre**	**Rayonnement**

Nectar de Lune

Le Nectar de Lune est un chakra de Conscience permettant de traduire tous les messages inconscients qu'il reçoit.

Lorsque votre corps physique ou astral reçoit des messages prémonitoires incompréhensibles, votre "Nectar de lune", si vous le lui demandez, peut vous donner les indices vous permettant de comprendre ces informations.

La Malachite, par ses fréquences, active les fonctions du "Nectar de lune", rendant ces traductions plus compréhensibles.

L'Aigue marine renforce, en cas de demande, vos perceptions sensorielles.

Le Tétraèdre vous apporte les énergies de force pour utiliser les informations transmises.

Exercice :

Mandala du Nectar de lune.

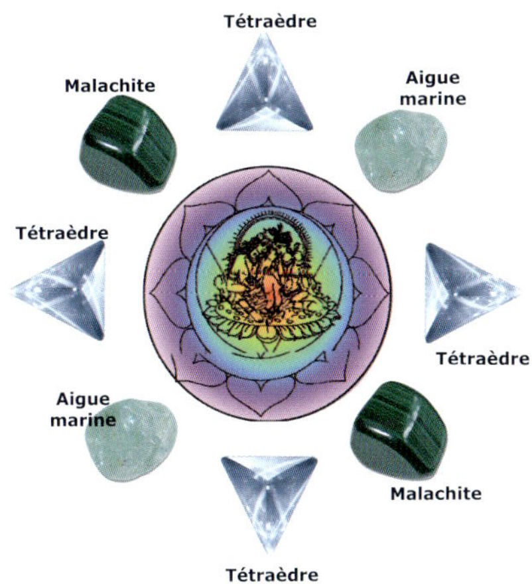

Le dessin de ce Mandala est à découper page 257.

Méditation :

À partir d'aujourd'hui, accepte-toi tel que tu es pour renaître vers de nouveaux horizons.

Ce Mandala permet de développer les facultés de compréhension des messages inconscients.

48 Calme et tranquilité

Symbolique :

Utilisée comme offrande, le fruit de cette fleur sert à la multiplication de karmas positifs.
Il rappelle son pourquoi: reconnaître le vide et la dépendance ainsi que la relation de cause à effet.
Il est censé éviter des actions suscitant la souffrance.
Il renforce les actes qui apportent la guérison.
Il permet de prendre le chemin conduisant finalement au dépassement de cette souffrance.

Interrogations :

- Es-tu influençable ?
- As-tu peur du lendemain ?
- Sais-tu vraiment pourquoi tu es influençable ?
- Sais-tu vraiment pourquoi tu as peur ?

Pensées :

- Enlève ta peur que l'on te découvre tel que tu es, et tu trouveras calme et tranquillité.
- Affirme-toi.
- Retrouve ta légèreté de vivre.
- Ne crains plus ce qui va "peut-être" venir.

Conseils :

- Avant de croire au castastrophisme du lendemain, avant d'utiliser tout ce temps et toute ton énergie à la peur et au défaitisme, ose avancer sur ton chemin.
- Ta force sera ton avancée et ta protection sera ton rayonnement.

Pierre d'action	Pierre complémentaire	Solide de Platon	Chakra Spirituel

Andalousite	**Dolomite**	**Dodécaèdre**	**Harmonie**

Nadi du nez

Le dicton dit :
"Il ou elle a du flair..."
Le nadi du nez envoie directement les énergies de fonctionnement au chakra frontal.

Application :

Savez-vous pourquoi, sans raison apparente, vous vous massez l'arrête de votre nez ? Faites un essai, chaque fois que vous chercherez une solution à un problème, massez-vous le bout et l'arête de votre nez... Vous serez surpris de votre intuition soudaine.

Exercice :

Prenez **l'Andalousite (1)** dans votre main droite et massez- vous le bout du nez avec le pouce et l'index de cette même main.
Faites de même avec **le Dodécaèdre (2)** et enfin **la Dolomite (3)**. A court terme, vous serez étonné du résultat.

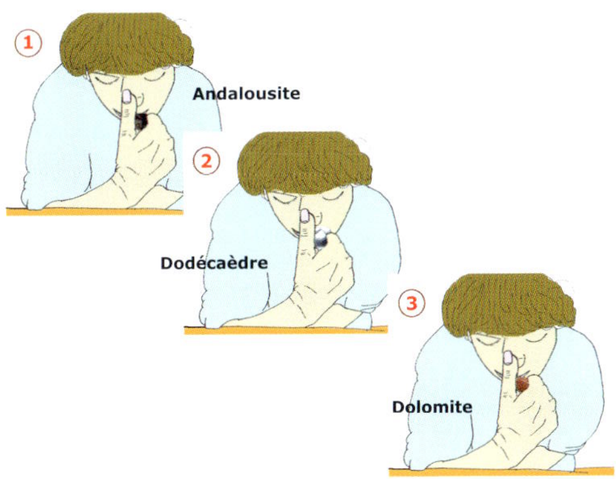

Méditation :

**De quoi as-tu réellement peur ?
Si tu as vraiment peur,
vérifie le pourquoi et surtout
d'où vient la source de cette
peur et tu la dépasseras.**

**Cet exercice permet
de développer
les facultés intuitives.**

49 Dépassement des difficultés

Symbolique :

Un calice débordant de trois catégories de joyaux nous rappelle notre immense richesse intérieure:
- Les citrines, notre adrénaline.
- Les rubis, notre ancrage à nos valeurs.
- Les aventurines, notre équilibre intérieur.

Interrogations :

- As-tu conscience de tes richesses intérieures ?
- Veux-tu vraiment aller vers la lumière ?

Pensées :

- Prends conscience que chaque seconde de ta vie est une avancée et que chaque difficulté rencontrée est une épreuve à franchir.
- En dépassant les clivages négatifs de tes moments difficiles, tu t'autorises la voie vers la lumière.

Conseils :

- Ne te laisse pas entraîner dans les méandres de l'usure de la négativité.
- Quels que soient le flou et les turbulences masquant la porte de sortie, **garde ton cap** et tu la trouveras.

Pierre d'action	Pierre complémentaire	Solide de Platon	Chakra Spirituel

Cornaline	**Pyrite**	**Cube**	**Chemin**

Zen

Aborder une attitude **Zen** ne veut en aucun cas dire être dans l'inactivité... Bien au contraire.

Application :

La Cornaline, en lien avec le chakra sacré, permet d'aborder une attitude tranquille en résolvant facilement les difficultés de la vie.

La Pyrite, associée au soleil, permet le lien terre-ciel. Robuste et solide, elle génère, amplifiée par **le Cube,** une fréquence renforçant le plan astral.

Ces trois éléments sont les amis de la nature.

Exercice :

Entourez une plante d'un mandala énergétique pour amplifier et adoucir l'énergie.

Celle-çi vous apportera calme et sérénité.

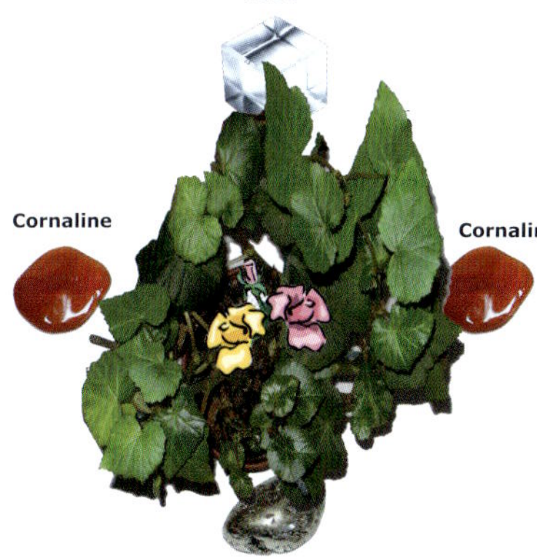

Méditation :

Qu'est-ce qui t'empêche de sortir du tunnel ?
Tu as tout en toi
pour avancer. OSE.

Cet exercice permet de rester calme et tranquille dans le vent et la tempête.

50 Enseigner

Symbolique :

Ce symbole représente l'enseignement proclamé par Bouddha.
Il se compose de trois éléments centraux :

1- Les quatre nobles vérités :
la vérité de la souffrance, de la genèse de la souffrance, de l'annulation de la souffrance et du chemin qui conduit à la dissipation de la souffrance.

2- Le chemin des huit états : le chemin qui mène à la possibilité de suspendre **le Samsara** (le cycle des réincarnations) et à l'issue duquel se trouve le nivarna, englobe huit états : la compréhension juste, la pensée juste, la parole juste, l'action juste, la vie juste, l'aspiration juste, la mémoire juste et le recueillement juste en soi.

3- La Voie du Milieu.
La roue Dharma, appelée aussi **Dharmachakra** est souvent représentée avec huit rayons qui rappellent la voie des huit états.
Les deux gazelles qui se trouvent à droite et à gauche de la roue Dharma sont censées représenter les premiers disciples de Bouddha.

Interrogation :
- Es-tu, en tout moment, toujours toi-même dans ta vie ?

Pensées :
- Le reflet de ton comportement renforcera ton enseignement.
- Si tu es vrai dans ta vie, tu seras vrai dans ce que tu enseignes.
- La passion que tu mets dans l'évolution de ta connaissance est le meilleur engrais pour ton futur.

Conseil :
- Ose reconnaître les moments où tu n'es pas vraiment toi-même et essaie d'y remédier ? Redeviens passionné.

Pierre d'action	Pierre complémentaire	Solide de Platon	Chakra Spirituel

Améthyste	**Apatite**	**Octaèdre**	**Le Choix**

Enseigner

Apprendre pour comprendre, appliquer pour développer, développer pour enseigner, voilà le chemin sans cesse répété de la Connaissance autorisant l'enseignement.
Le petit sage disait :
"Si tu veux vraiment enseigner, **ne transmets que ce que tu as compris et vérifié et non ce que tu as entendu".**

Application :

L'Améthyste (1) favorise la mémorisation des enseignements compris et appliqués.

L'Apatite (2) vous libère du stress et de la peur de transmettre vos connaissances.

L'Octaèdre (3) associé à **l'Améthyste et à l'Apatite,** reflète vos connaissances en les confortant.

Exercice :

Tout en ayant des pensées positives de valorisation, créez le mandala de la Décision.

Imprégnez-vous des énergies **de l'Améthyste, de l'Apatite et de l'Octaèdre.**

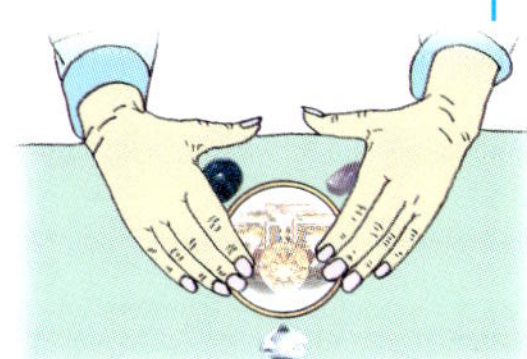

Le dessin de ce mandala est à découper page 259.

Méditation :

**Si tu es identique
à toi-même,
ton enseignement
le sera inévitablement.**

Ces conseils rappellent le besoin de vraies connaissances pour enseigner.

51 Respect

Symbolique :

Ce symbole reflète l'image du respect.
Quatre animaux : une perdrix, un lièvre, un singe et un éléphant sont en pleine discorde, chacun prétendant être le plus vieux.
Un arbre majestueux, bien plus âgé que l'ensemble de leurs âges réunis leur dit:
"Montrez-vous des marques de respect non plus en fonction de vos âges, mais en fonction de vos qualités respectives."
Depuis ce jour, s'étant aperçu que chacun avait besoin de chacun, ils se respectèrent.
Ils continuèrent à respecter cette loi qui finit par être adoptée par tous, ce qui eut pour conséquence que le bonheur, la paix et l'abondance régnèrent dans le pays.

Interrogations :

- As-tu connaissance de ta vraie valeur ?
- Dans quelle situation ne te respectes-tu pas ?

Pensées :

- En te respectant, tu ouvres ta conscience aux réalités de ta vie.
- Donne à toutes les personnes que tu soutiens un rôle actif pour qu'elles puissent aussi retrouver le respect d'elles-mêmes.

Conseils :

- Prends une feuille de papier, note ce que tu t'autorises et ce que tu ne t'autorises pas.
- Si tu tiens ces engagements, tu te respecteras et on te respectera, mais si tu ne les tiens pas, tu perdras tout.

Pierre d'action	Pierre complémentaire	Solide de Platon	Chakra Spirituel

Aigue marine	**Jaspe dalmatien**	**Icosaèdre**	**Respect**

Chakra spirituel du Respect

Respecter les autres passe immanquablement par le respect de soi.
S'autoriser à dire NON fait également partie de la grande règle du jeu du respect.

Application :

L'Aigue marine a pour mission d'inciter les personnes dans le besoin à se respecter en leur donnant les énergies nécessaires pour rebondir.

Le Jaspe dalmatien vous donne la possibilité, si vous décidez d'agir, de vous remettre en question. Cela vous amènera à évoluer et de ce fait, à vous respecter.

L'Icosaèdre apporte au respect : la fluidité de l'eau, l'adaptation de la semence dans l'ovule, et la souplesse du relationnel, facilitant votre rayonnement intérieur.
Cela entraînera le respect et celui des autres.

Exercice :

**Autorisez-vous
à croire en vous.**

Le dessin de ce mandala est à découper page 255.

Méditation :

Déterminé tes marges de sécurité au-delà desquelles tu te sens obligé de réagir.

**La confection de ce mandala et les conseils se résument en quelques mots :
le respect de soi
entraîne le respect des autres.**

52 Consulter

Symbolique :

Ce symbole représente un vase surmonté d'une coiffe ne permettant à personne de percevoir son intérieur.
Un lotus le supporte, l'isolant spirituellement de son socle.
Des racines semblent chercher un ancrage vers le sol.
Le petit sage disait: "Sans racine, l'arbre ne peut grandir, la spiritualité ne peut se développer et l'être humain ne peut trouver d'équilibre."

Interrogation :

- Es-tu rentré dans une situation de démesure ?

Pensées :

- Seul ton esprit se charge de t'avertir de tes besoins.
- Consulter, même sans adhérer, te permettrait d'avoir une vue extérieure de ta situation.
- Si tu sais faire la part des choses, les avis extérieurs te permettront d'avancer.

Conseil :

- Si tu es en situation d'opposition entre ce qui est trop et ce qui n'est pas assez, entre le vide et le plein de ton existence, découvre l'essentiel de tes besoins, adapte ta façon de vivre, mais surtout arrête de te prouver que tu existes.

Pierre d'action	Pierre complémentaire	Solide de Platon	Chakra Spirituel

Péridot	**Ambre**	**Merkaba étoilé**	**Le Bonheur**

Au fond de Soi

Au plus profond de **Votre Moi** se situe votre refuge. Conservez-le et entretenez-le précieusement.
Telle une fragile embarcation dans une mer démontée, un jour, il sera peut-être votre seul et véritable ami.

Application :

Le Péridot, minéral d'indépendance psychologique, tel une forteresse, protège votre refuge intérieur où votre soi trouve repos, sérénité et énergie.

L'Ambre, résine millénaire, vous apporte les énergies permettant de réveiller vos possibilités et vos talents cachés.

Le Merkaba étoilé renforce votre refuge en vous ouvrant les portes de multiples chemins permettant de sortir de votre isolement protecteur.

Exercice :

Tout en ayant devant vous, **le Péridot, l'Ambre et le Merkaba étoilé,** redonnez vie au symbole intériorisant votre MOI en le reproduisant avec de multiples couleurs.

Le dessin de ce mandala est à découper page 257.

Méditation :

Où est ton juste milieu ?

Ce mandala aide à se réfugier au fond du "Soi". Il permet de faire le plein d'énergies salutaires.

53 Clairvoyance

Symbolique :

Situé à un doigt au-dessus de la racine du nez, entre les deux sourcils, le chakra frontal est le troisième centre de la triade supérieure responsable de la perception sensorielle et du ressenti spirituel.

Grâce à la récolte de toutes les informations captées par l'ensemble des nadis du corps physique et transmis à ce centre énergétique, il est le principal acteur de la grande école individuelle du ressenti.
Toutefois, désharmonisé, il peut être à l'origine de certaines déviances (haine, stérilité, esprit de destruction...). **Le chakra frontal est particulièrement actif entre 35 et 41 ans puis entre 84 et 91 ans.**

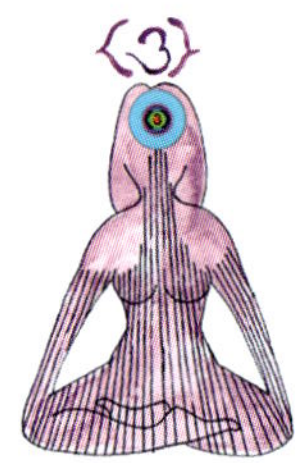

Interrogations :

- As-tu fait abstraction des messages de ton inconscient ?
- Combien de fois as-tu regretté de ne pas t'écouter ?

Pensées :

- Si tu écoutes la voix de ton cœur, tu sauras à qui sont destinés les messages que tu reçois.
- Mais si tu retrouves le chemin de ton intérieur, tu verras qu'en premier, ils te concernent.

Conseil :

- Avant de transmettre des messages aux autres, regarde au fond de toi si ces messages ne te concernent pas.
  Soit :
    - Tu en as conscience, alors arrange-toi pour ne pas les oublier.
    - Tu n'en as pas conscience, alors recherches les raisons conscientes que, volontairement tu as occultées.

Pierre d'action	Pierre complémentaire	Solide de Platon	Chakra Spirituel

Azurite	**Célestine**	**Sphère**	**Moi**

Clairvoyance

Le plus difficile, dans les messages de l'inconscient, n'est pas de les entendre, mais de les transmettre à bon escient.

Application :

L'Azurite, amie énergétique inconditionnelle du chakra **du Nectar de lune,** assure son approvisionnement en puisant les énergies stockées au plexus solaire.
Cette énergie, mélangée à la sienne, permet de développer vos qualités de perception.

La Célestine assure, dans le calme et la sérénité, l'accès au message inconscient du frontal.

La Sphère, telle une boule de cristal, amplifie en douceur votre ressenti.

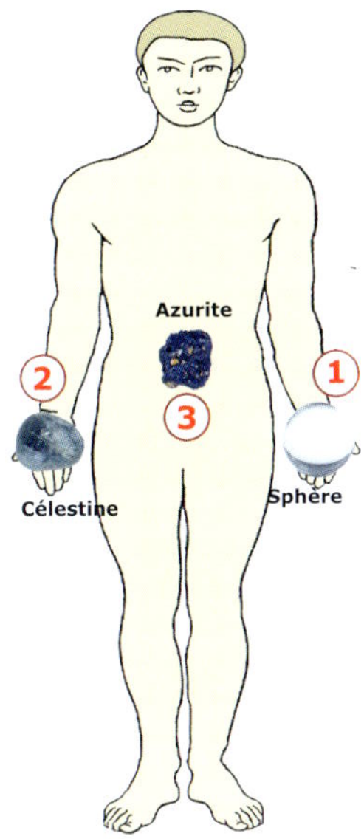

Exercice :

Tenez dans votre main gauche **la Sphère (1)** et dans votre main droite **la Célestine (2).**

Placez quelques instants **l'Azurite (3)** au niveau de votre plexus solaire, et laissez-la s'imprégner de votre énergie.
Puis, appliquez-la **(4)** entre vos deux yeux (centre d'énergie des chakras de conscience)
.

Fermez vos yeux et **restez à votre écoute.**

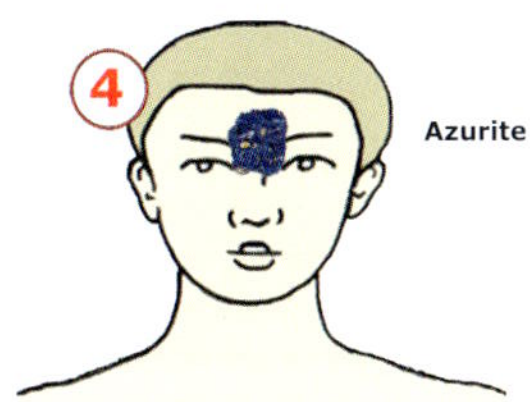

Méditation :

Quand prendras-tu l'habitude d'écouter mais aussi d'entendre la voix de ton inconscient ?

Cet exercice permet de développer le ressenti et de relaxer le corps.

54 Triple perception

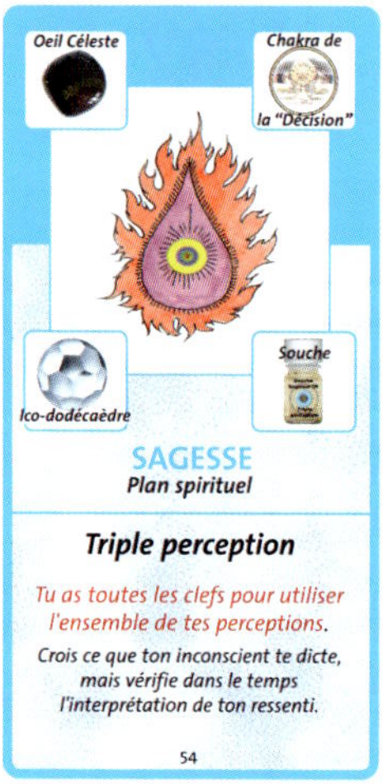

Symbolique :

Triratna en sanskrit signifie **"Trois corps"**.
Ce symbole sert à résumer en une image les "Trois corps" représentant une réalité inconcevable qui se situe au-delà de toute catégorie conceptuelle :
- Le corps de vérité ou corps de la loi.
- Le corps de la rétribution.
- Le corps manifesté ou corps de l'action.

La notion de corps ne doit pas être interprétée comme quelque chose de physique, mais plutôt comme la forme de développement la plus élevée de l'esprit, du langage et du corps.

On désigne aussi les trois joyaux du bouddhisme, **Bouddha** (l'éveillé), **Dharma** (l'enseignement) et **Sangha** (la communauté des croyants) sous le vocable de Triratna. Ils sont entourés de flammes, comme on peut le voir sur l'illustration.

Interrogation :

- As-tu songé à récolter suffisamment de combustible pour alimenter ton feu intérieur ?

Pensées :

- Tu as toutes les clefs pour utiliser l'ensemble de tes perceptions.
- Crois ce que ton inconscient te dicte, mais vérifie dans le temps l'interprétation de ton ressenti.

Conseils :

- La confiance dans le ressenti se vérifie de jour en jour.
- La confiance en soi s'entretient tous les jours.
- Mais l'union des deux entretient la flamme nécessaire à la continuité de la confiance dans le ressenti.

Pierre d'action	Pierre complémentaire	Solide de Platon	Chakra Spirituel

Oeil Céleste	**Fluorine violette**	**Ico-dodécaèdre**	**Décision**

Triple perception

Savoir parler, entendre et voir au même instant, permet de développer vos capacités de mémorisation.

Application :

L'Oeil Céleste vous apportera l'énergie nécessaire pour remplir dans le même instant ces trois fonctions.
Générant par son oeil, les fréquences de l'arc-en-ciel il agira en catalyseur énergétique.

En compagnie de l'Ico-dodécaèdre, la Fluorine violette permettra de consolider vos perceptions.

Exercice :

Sur une table, comme le dessin le montre, placez **l'Oeil céleste (2), la Fluorine violette(3), l'Ico-dodécaèdre(1)** et **les deux mandalas chromatiques** (violet extérieur à droite, rouge extérieur à gauche).

Portez votre regard sur les deux cercles, écoutez votre inconscient et parlez de votre ressenti à voix haute.

Cet exercice amplifie votre capacité de mémorisation.

Méditation :

**Consciemment,
es-tu l'ami et le confident
de ton inconscient ?**

Cet exercice permet d'entretenir la mémoire.

7 - Les neuf cartes de la lignée "Spiritualité"

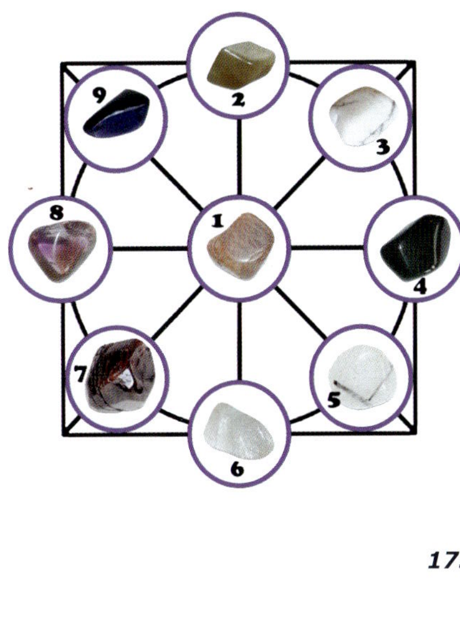

55 Ecoute

Symbolique :

La conque permet que retentisse et puisse être entendue l'essence des paroles, et ce n'est qu'à partir de ce moment-là que l'enseignement peut intervenir.

On dit aussi que tous les autres sons que l'on peut entendre semblent bien fades à côté du son de la conque.

L'enseignant disposant du langage de la chose comprise, n'enseignera pas que d'un point de vue purement intellectuel découlant d'un savoir né de l'entendement. Il enseignera grâce à un état réel de lien aux événements vécus.
C'est à ce prix que le son de l'enseignement du dharma acquiert sa validité.

Interrogation :

- As-tu pensé à faire résonner le son de ta vraie connaissance ?

Pensées :

- Ecoute et laisse-toi guider par la voix de ton cœur.
- Ce petit murmure te permet, dans les moments les plus durs, de rester sur les rails de ton chemin originel.

Conseils :

- Même si tu te sens seul dans ton enseignement, dans ta façon de voir ou de percevoir les choses ou les événements, si tu es sûr de la justesse de tes dires, ne t'arrête pas de les dire.
- Crois à la transmission d'événementiels compris, vérifiés et appliqués.
- N'oublie pas que, seulement aujourd'hui, on se rend compte de la valeur des personnes parties hier.

Pierre d'action	Pierre complémentaire	Solide de Platon	Chakra Spirituel

Pierre de soleil	**Larme d'Apache**	**Merkaba étoilé**	**Le Bonheur**

Ecoute

Pouvoir écouter est une chose importante, mais s'appliquer à entendre donne toute la valeur à l'écoute

Application :

La Pierre de soleil stimule votre MOI profond.
Elle développe votre faculté d'être "Un".
Elle vous procure les énergies pour pouvoir entendre et écouter.

La Larme d'Apache, vous permet de développer individuelement les indications écoutés et entendus.
Le Merkaba étoilé, tel une bonne antenne, captera le moindre mot ou partie de mot pouvant vous servir dans votre avancée.

Exercice :

Sur une table, placez **les pierres et les deux Merkabas étoilés autour du mandala de l'Ecoute.**
Dans le silence, véhiculez mentalement les énergies captées par votre main gauche vers votre Frontal.

Cet exercice amplifie votre capacité d'écoute intérieure.

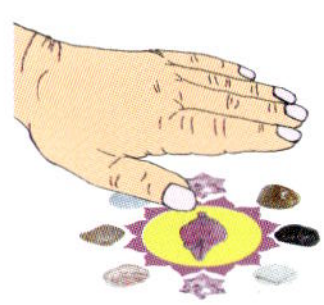

Le dessin de ce mandala est à découper page 259.

Méditation :

Toi seul peut faire résonner le son de ta conque intérieure.

Cet exercice permet de développer l'écoute intérieure.

56 Energie du monde subtil

Symbolique :

Ce symbole représente le mantra universel **AUM** au centre d'une fleur de lotus ouvert.

AUM est le représentant sublime de tout ce qui est en lien avec l'avant, le moment et le futur.

A est le symbole de la force créative.

U est la force de maintien, de perspicacité.

M est la force de stabilité.

Le AUM agit puissamment à tous les niveaux: physique, psychologique, philosophique et spirituel.

Interrogations :

- Es-tu prêt à ne faire qu'un ?
- As-tu conscience de toutes tes possibilités ?
- Acceptes-tu l'aide de ton être de lumière intérieur ?

Pensées :

- Prends foi en tout ce qui brille en toi.
- Reprends contact avec ton être de lumière intérieur et retrouve le beau, le pur et le merveilleux d'où tu viens.

Conseils :

- En émettant le mantra AUM, pense à accompagner chaque formulation du A, du U et du M, d'une pensée personnelle.
- Cette méthode te permettra de te relier à l'égrégore commun, tout en l'individualisant par ta pensée.

Pierre d'action	Pierre complémentaire	Solide de Platon	Chakra Spirituel

Pierre de lune	**Larvikite**	**Icosaèdre**	**Respect**

Monde subtil - Lien

Il faut une grande sensibilité pour percevoir les énergies du monde subtil.
Certains diront qu'ils sont en liens avec les élémentaux, d'autres avec **les Fées ou les Gnomes...**
Le petit sage disait : "seuls les coeurs purs peuvent entendre ou voir leurs semblables".

Application :

La Pierre de lune, lien privilégié avec votre Moi et la nature, vous permet, si vos intentions sont suffisamment nobles et si votre "coeur" est suffisamment pur, d'avoir la privauté de les rencontrer.
Si vous exposez vos ressentis à d'autres... **La Larvikite** vous aide à trouver les mots justes pour ne pas tomber dans le ridicule, en face d'ignares.

l'Icosaèdre est là pour vous faciliter les rencontres avec **les Ondines.**

Mon père, lorsque j'étais enfant, me disait souvent ceci : **"Tu peux y croire ou non, l'essentiel est de ne pas t'en moquer..."**

Méditation :

Es-tu laïc ou monastique ?
Choisis et agis
en conséquence.

Ces indications permettent de conforter ceux qui perçoivent les vibrations du monde subtil.

57 Claire audience

Symbolique :

Ce symbole est un symbole d'ouverture à la claire audience.
Il facilite l'attention des plus hautes dignités.
Il permet les entretiens avec les personnes pouvant t'apporter les maillons manquants du grand puzzle du chemin de ta vie terrestre.

Interrogation :

- Pourquoi refuses-tu d'entendre les paroles avisées de personnes ne voulant que te montrer l'entrée de ton grand **Chemin de vie** ?

Pensées :

- Crois en toi.
- Reprends contact avec ton divin, tu entendras les réponses aux questions posées.

Conseils :

- Pense qu'il n'y a pas de réponse sans question posée.
  Le petit sage disait : "Si tu as peur de la réponse, ne pose pas la question...
  Mais, si tu ne la poses pas, tu resteras toujours dans le doute et la peur de cette même réponse."

Pierre d'action	Pierre complémentaire	Solide de Platon	Chakra Spirituel

Howlite	**Sodalite**	**Ico-dodécaèdre**	**Décision**

Claire Audience

La claire audience fait partie des qualités de perception subtile.
Certains peuvent percevoir (clairvoyance), d'autres savent entendre (claire-audience), et d'autres encore, font les deux (médiumnité).

Si vous savez entendre vos messages intérieurs, et surtout si vous vous faites suffisamment confiance pour les appliquer, **la Howlite** est une aide précieuse.
Elle vous accompagne dans le discernement du bien-fondé de vos décisions.

Dans cet esprit d'ouverture, **la Sodalite** vous aide à vous exprimer.

L'Ico-dodécaèdre vous apporte les fréquences nécessaires, en accord avec vos besoins, pour vous donner le choix de parler ou de vous taire.

Exercice :

Prenez toujours le soin de noter vos messages intérieurs, ne serait-ce que pour respecter votre inconscient en lui prouvant consciemment que vous tenez compte de son aide.

Méditation :

Si tu doutes,
seule la recherche
du pourquoi de ce doute
pourra éteindre le feu
dévastateur de ton Moi.

58 Supériorité

Symbolique :

Ce symbole, confectionné à base de poils de cerf, de bœuf ou de yak était l'emblème de l'autorité séculière, ne vivant sous aucun ordre religieux.

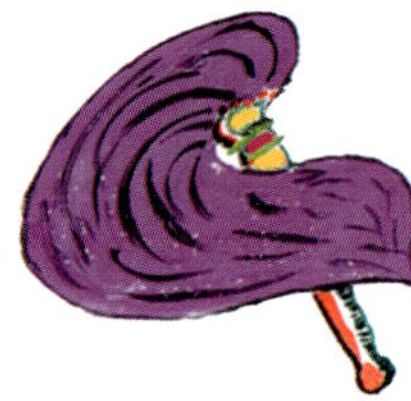

Dans le bouddhisme zen, il incarne l'autorité de l'enseignant sur l'élève. Il a pour vertu de pouvoir chasser les "insectes", sans pour cela les blesser.

Interrogation :

- As-tu besoin du bâton pour faire comprendre aux autres la valeur de ton enseignement ?

Pensées :

- Valorise tes capacités sans esprit de supériorité.
- Si tu sais te mettre à la portée de tous, tu grandiras.
- **Si l'on te demande qui tu es, donne d'abord ton nom.**

Conseil :

- **Si tu as besoin du bâton, révise tout de suite ta façon de transmettre, car tu ne seras écouté que par peur et non par respect.**

Pierre d'action	Pierre complémentaire	Solide de Platon	Chakra Spirituel

Héliotrope	**Andalousite**	**Octaèdre**	**Le Choix**

Limites - Reconnaissance

Si dans vos actions, dans vos aides ou dans vos conseils, vous attendez de la reconnaissance, ne le faites surtout pas.
Mais, si sans rien attendre, on vous dit **Merci**, vous en serez doublement récompensés.

Application :

Toute action a ses limites et tout travail mérite reconnaissance.

l'Héliotrope, par son apport énergétique, permet à votre aura de ne pas se rétracter en face du manque de réaction attendu.

L'Andalousite, permet, en association avec **l'Octaèdre,** de ne pas vous perdre dans des chemins impossibles.
Elle vous prévient inconsciemment des conséquences reflétées par l'envers du miroir.

Méditation :

Comment agis-tu pour transmettre ta connaissance ?

Utiliser la Spiritualité pour se faire connaître ne permet pas l'avancée.

59 Fondement

Symbolique :

Ce symbole est un joyau, appelé **"Pierre précieuse de la pensée".**

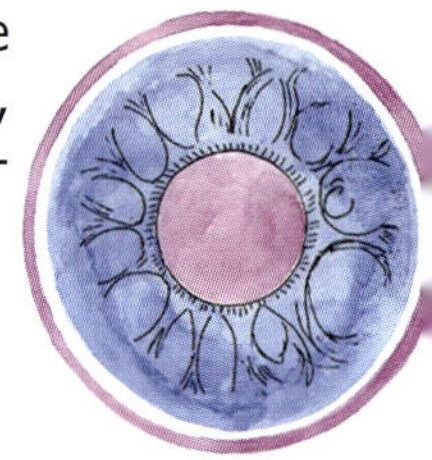

Il est le support de la réalisation de tous les désirs, s'ils sont pensés, réfléchis et suivis d'actions concrètes.

Interrogation :

- Avant de penser que rien ne va, as-tu agis pour que tout aille bien ?

Pensées :

- Tes fondations sont les fondements de ton avancée spirituelle et matérielle.
- Sois toujours dans ta vérité en tenant compte de celle des autres, sans la dénigrer.

Conseils :

- Si une pierre ou un cristal pouvait tout réaliser, cela ce saurait.
- Ce que tous savent, c'est qu'ils peuvent aider énergétiquement.
- Alors, avant de demander l'impossible au minéral ou au végétal, fais en sorte que cela soit possible et réalisable.

Pierre d'action	Pierre complémentaire	Solide de Platon	Chakra Spirituel

Quartz tourmaline	**Rhodochrosite**	**Dodécaèdre**	**Harmonie**

Intériorisation

Dans le bruit et la tempête, il est difficile d'être soi.
Seule l'intériorisation permet de préserver votre personnalité.

Application :

Le Quartz tourmaline détient deux fonctions essentielles :

La première, de rayonner de mille feux grâce au quartz.

La seconde, de pouvoir psychologiquement vous inciter à agir grâce à **la Tourmaline noire**.

La Rhodochrosite, associée au **Dodécaèdre,** favorise votre intériorisation pour rester vous-même, en toute circonstance, responsable de vos actions.

Exercice :

Sur une table, comme le dessin le montre, placez **le Dodécaèdre (1), le Quartz tourmaline (2), la Rhodochrosite (3)** et **les deux manadalas chromatiques** (violet extérieur à gauche, rouge extérieur à droite).

Inspirez, en portant votre regard sur les deux cercles et les deux pierres, tandis que vos deux mains coiffent le Dodécaèdre.

Expirez, en portant votre souffle vers le **Dodécaèdre (1).**

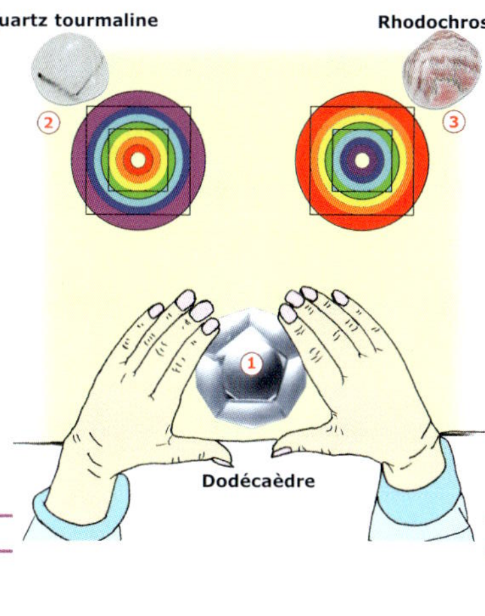

e dessin de ce mandala est à découper page 259.

Méditation :

Est-ce que ta demande est en proportion avec tes actions ?

Cet exercice aide à transmettre de l'énergie au Hara, facilitant l'intériorisation. Il permet de rester soi-même sans s'isoler du monde extérieur.

60 La pureté

Symbolique :

C'est à partir de cet encensoir que l'on verse l'eau sur les mains des participants au rituel de la vie.
Il est également censé être le lien entre l'originel et le maintenant.

Si symboliquement, il purifie, encore faudrait-il, par la suite, ne plus se noircir.

Interrogation :

- Combien de fois as-tu agis pour faire plaisir, sans te faire plaisir ?

Pensées :

- Ne te mens pas à toi-même, sois vrai et agis.
- Agis en accord avec tes croyances et tes convictions en n'occultant pas les éléments qui résultent de ces actions pouvant être dérangeantes.

Conseils :

- Il est simple de se laver les mains de toute chose, il est plus difficile de relever les défis.
- Si, en accord avec ton originel, tu agis face aux demandes de la vie, si dures soient-elles, tu seras vrai, et de ce fait, tu ne seras ni altéré, ni aigri par ces événements.

Pierre d'action	Pierre complémentaire	Solide de Platon	Chakra Spirituel
	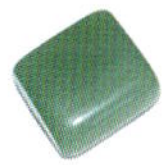		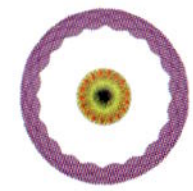
Quartz roulé	**Jade Néphrite**	**Merkaba**	**L'Amour**

Energie

L'Energie Vitale, garant de notre avancée, de la première division de cellule à la fin de notre vie terrestre, doit en permanence, être reconstituée. Sans cet apport énergétique, vous vous trouverez dans le temps **"vieux jeune"**, alors que la réalité devrait être **"jeune vieux".**

Application :

Le Quartz roulé, générateur de force et de lumière, apporte au Mana chakra l'énergie et les forces lui permettant de remplir convenablement son rôle.

Le Jade néphrite renforce le Mana chakra en lui procurant les énergies de calme et de tranquillité.

Le Merkaba renforce les capacités de "transport" des messages véhiculés par le Mana chakra.

Exercice :

Entourez de vos deux mains une bougie.
Placez à l'extérieur de la main :
Gauche **une Jade Néphrite,**
Droite un **Quartz roulé.**
Devant, **un Merkaba**

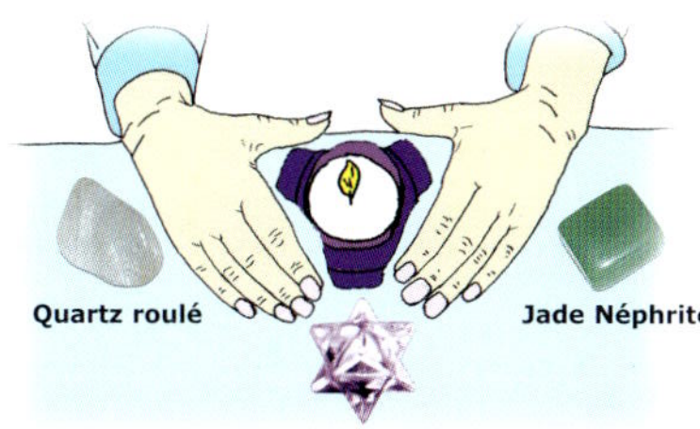

Méditation :

Mens-tu pour faire plaisir ou pour te faire plaisir ?

Cet exercice permet de renforcer l'efficacité du Mana chakra.

61 Protection des acquis

Symbolique :

Ce symbole représente un bouclier tenu par l'annulaire, le majeur et l'index de la main gauche. Il est censé nous protéger des racines, du relationnel et de la force des autres.

Interrogation :

- De qui ou de quoi as-tu peur dans ta vie pour te cacher derrière un bouclier de protection ?

Pensées :

- Sois fier de tes acquis, de tes connaissances et de ton avancée.
- Protège ton intérieur de toute autodestruction.
- Ne te dévalorise jamais.

Conseils :

- Si tu veux te protéger des autres, arrange-toi toujours pour voir, à travers ton bouclier, de qui vient cette attaque.
- Ne te laisse pas éteindre par les autres, mais n'éteins pas non plus la flamme des autres sans vrai motif vérifié.

Pierre d'action	Pierre complémentaire	Solide de Platon	Chakra Spirituel
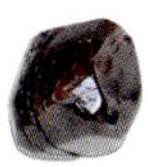			
Grenat	Malachite	Cube	Chemin

Protection

La seule vraie protection énergétique se trouve dans votre rayonnement.
Une des façons de rayonner se trouve dans la passion de votre activité.

Application :

"Tout travail est prière et toute prière rayonne", disait le petit sage.

Le Grenat, dans votre passion, a pour vertu de renforcer les énergies en lien avec votre Moi intérieur, votre jardin secret. Toute passion ayant ses faiblesses, il est intéressant d'utiliser **le Grenat** pour combler celles-ci.

La Malachite renforce vos actions, tandis que **le Cube** vous permet de rester ancré solidement.
Il vous autorise l'accès à vos intuitions traduites par le nectar de lune.

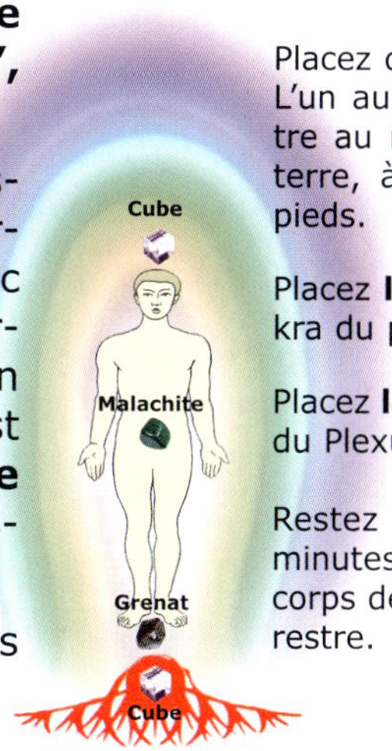

Exercice :

Placez deux **Cubes (1) :**
L'un au dessus de votre tête,l'autre au niveau de votre chakra de terre, à environ 50 cm sous vos pieds.

Placez **le Grenat (2)** à votre chakra du point terrestre.

Placez **la Malachite (3)** au niveau du Plexus solaire.

Restez allongé une dizaine de minutes pour permettre à votre corps de s'impégnez d'énergie terrestre.

Méditation :

Es-tu transparent dans tes actions de protection ?

**Cet exercice développe le rayonnement aurique.
il aide à comprendre où est la véritable protection : au sol.**

62 Transmettre

Symbolique :

Ce symbole représente un baldaquin en soie ou en plumes de paon, censé tenir éloignée n'importe quelle influence négative.

Il symbolise la spiritualité et l'utilisation de la spiritualité dans le bon sens du terme.

Le fait que l'ombrelle permette de se protéger de la chaleur, l'associe à la protection du rayonnement négatif des autres, de la haine, de l'envie et de l'ignorance.

Interrogation :

- As-tu pensé à continuer à t'enrichir de connaissances ?

Pensées :

- Tu es en lien avec l'univers.
- Transmettre l'expérience comprise et appliquée permet l'avancée de la connaissance.

Conseil :

- Plus tu transmettras tes connaissances comprises, vérifiées et appliquées, plus tu t'autoriseras à te remplir de l'énergie contenue dans de nouvelles connaissances complémentaires aux tiennes.

Pierre d'action	Pierre complémentaire	Solide de Platon	Chakra Spirituel

Amétrine	Mangano	Tétraèdre	Rayonnement

Transmettre

Il est plus simple d'apprendre que de transmettre...
Mais il devient facile de transmettre ce qui est compris.

Application :

L'Amétrine, dans l'aide à la transmission de votre connaissance, joue un grand rôle de régulateur énergétique. En effet, enseigner demande un apport énergétique important.
L'Amétrine étant constituée d'Améthyste (spirituel) et de Citrine (force), elle vous apporte l'équilibre de ses énergies.

La Mangano calcite vous influence positivement si,dans votre enseignement, le besoin de trancher ou d'affirmer se fait sentir.

Le Tétraèdre, présent à vos côtés, rayonne de sa force appaisante.

Exercice :

Le chakra "Talu" (page 99) est aussi nommé **chakra Lalana.**

Il se trouve dans le palais. La pratique pour l'énergiser consiste :
D'une part, à presser avec la langue un endroit près de la luette. `
cet exercice favorise une concentration profonde et prévient de la distraction.

D'autre part, à s'imprégner des énergies de son symbole et de ses pierres énergétiques, en symbiose de pensée avec une demande précise

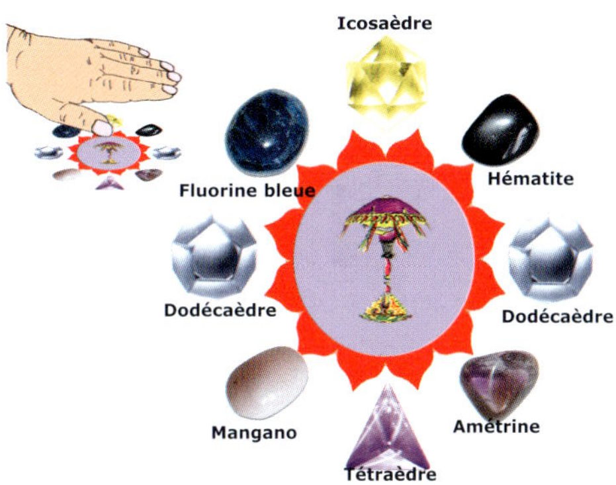

Le dessin de ce mandala est à découper page 259.

Méditation :

Comment vas-tu transmettre tes connaissances ?

Cet exercice met au jour que l'énergie est un support à l'enseignement, mais que la compréhension de ce qui est enseigné en est l'assise.

63 Recherche

Symbolique :

Ce symbole représente la lumière associée au fait de pouvoir être éclairé sur les conséquences plaisantes ou non de chaque action.
La lumière est considérée comme le symbole de la réalité suprême, et de ce fait, comme l'une des offrandes les plus importantes dans les sanctuaires de culte.
Pour fabriquer l'offrande de lumière, on utilise des bougies faites en matériaux précieux, comme le beurre, destiné à souligner l'importance de l'offrande.

Interrogation :

- As-tu suffisamment d'énergie pour entretenir ta flamme intérieure ?

Pensées :

- Cherche à comprendre avec passion ce que tu transmets.
- Ecoute et entends, vois et regarde, parle ou sois silencieux, mais cherche à comprendre le pourquoi de ce que tu fais.

Conseils :

- Se demander le pourquoi de ses actions ou d'une action précise permet de clarifier l'action.
- Mais si, non seulement, en plus du "pourquoi" tu te demandes "à quoi cela va servir", tu renforceras ta volonté soit d'y arriver, soit d'y renoncer.

Pierre d'action	Pierre complémentaire	Solide de Platon	Chakra Spirituel

Lapis-Lazuli	**Pierre de lune**	**Sphère**	**Moi**

Rechercher

Le doute est votre meilleure raison de rechercher votre réponse.
Mais bien souvent, la recherche vous ramène au doute de ne pas être dans votre vérité.

Application :

"Les réponses sont bien souvent contenues dans les questions posées", disait Coluche...

Le Lapis-Lazuli aide à trouver les chemins de réponse aux questions posées, soit dans notre Moi profond, soit dans le cosmos, source inépuisable de connaissances.

La Pierre de lune adoucit, dédramatise les réponses déconcertantes issues de vos recherches.

La Sphère, dans vos recherches, joue son rôle de roue, vous ramenant toujours au **pourquoi** de vos recherches.

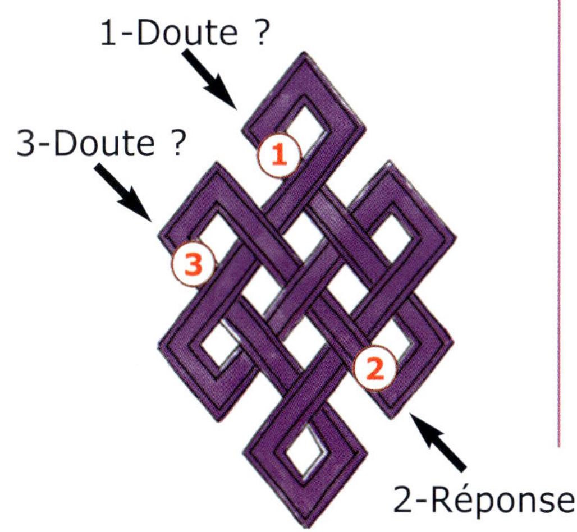

Méditation :

En plus du "pourquoi" tu réfléchis, pense à "quoi" cela pourra te servir.

Cette compréhension évite de vivre continuellement dans le "si j'avais su".

les 12 mandalas de vie peuvent :

- Vous énergiser.
- Rétablir votre équilibre.
- Energiser l'eau.
- Harmoniser votre maison.

Ils agissent :

- Sur le plan Physique (eau énergisée).
- Sur le plan Ethérique (prise d'énergie)
- Sur le plan Mental (harmonie du lieu)

L'utilisation est très simple :

1- Choisissez un mandala de Vie en fonction d'un besoin, d'une attente ou d'une évolution.

2- Confectionnez ce mandala de Vie en pensant à votre demande.

3- Energiser de l'eau potable (de préférence de source, lustrale*).

4- Imprégnez-vous de l'énergie du mandala de Vie amplifié par les pierres et les polyèdres.

5- Placez le mandala et ses pierrres le temps de la réalisation de votre demande, dans un lieu ou une place de vie.

6- Mais surtout... **Agissez.**

8 - Les douze cartes de la lignée "Douze forces" Associées aux douze Mandala de Vie

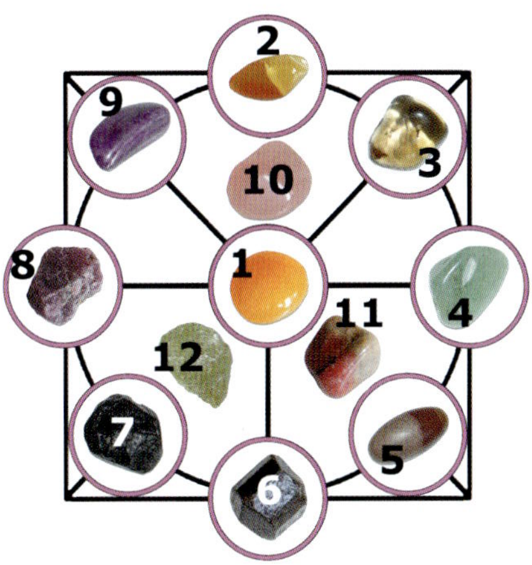

64 Relationnel

Symbolique :

Ce symbole est le premier des douze forces vibratoires.

Le chakra sacré, régi habituellement par la couleur dominante orange, est ici représenté par la couleur rose, incitant l'équilibre mental, la tendresse, la douceur et la sensibilité.

Ce chakra est au centre d'un lotus à 12 pétales permettant la dualité (2 fois 6), l'associant aux dodécaèdre, à la création et à la protection.

Interrogation :

- Quelle passion génère ton rayonnement ?

Pensées :

- Agis dans ta vie pour rayonner dans ton chemin.
- Sans rechercher le relationnel, tu généreras ce relationnel.

Conseils :

- Dans ta vie, recherche l'élément qui te permettra de rayonner afin de t'épanouir sereinement.
- Ne force jamais les autres à te suivre, mais accepte de côtoyer ceux qui veulent avancer.

Pierre d'action	Pierre complémentaire	Solide de Platon	Chakra Spirituel

Calcite orange	**Grenat**	**Tétraèdre**	**Rayonnement**

Relationnel - Développement

Premier Mandala de Vie

Le développement de notre avancée génère l'apport de relationnel spontané.

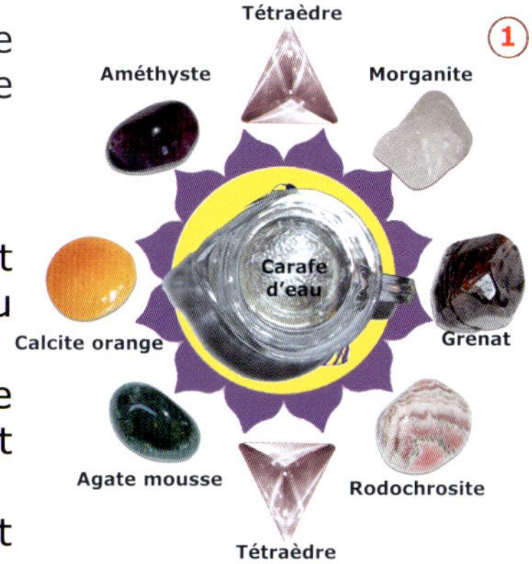

1 **Harmonie physique**
Eau énérgisée

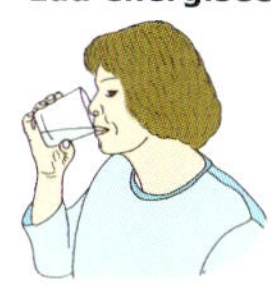

Application :

La Calcite orange permet de trouver votre place au centre de votre relationnel.
Elle permet l'harmonie entre deux personnes, favorisant les échanges constructifs.
Elle évite les conflits d'intérêt "d'Ego à Ego".

Le Grenat aide au développement en transformant les difficultés en défis.

Le Tétraèdre, élément de feu, fournira les énergies nécessaires au développement, engendrant le relationnel.

2 **Harmonie mentale**
Pièce de vie

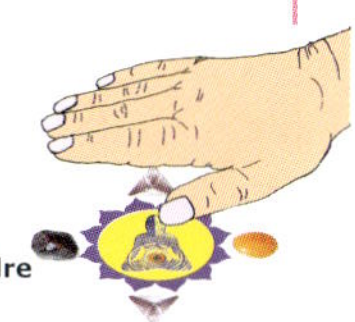

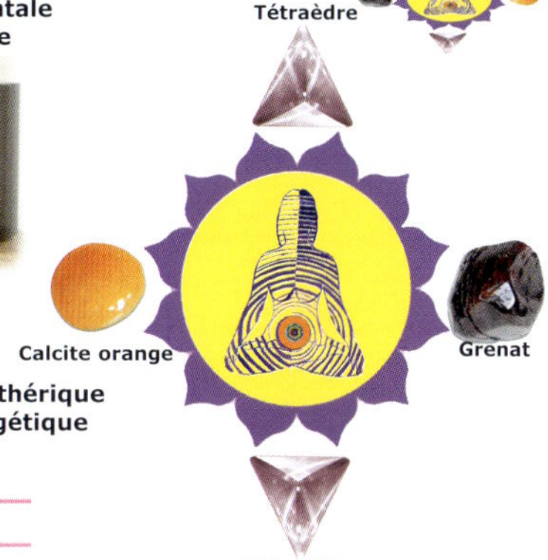

3 **Harmonie éthérique**
Main énergétique

Le dessin de ce mandala est à découper page 253.

Méditation :

Qui t'empêche de rayonner ?

Qu'est-ce qui t'empêche de rayonner ?

Cet exercice amène à réfléchir sur le point suivant :
Le développement engendre le relationnel, mais le relationnel oblige le développement.

65 Energie

Symbolique :

Ce symbole est le deuxième des douze forces vibratoires.

Ce symbole représente **le Mana chakra**, chakra de conscience véhiculant l'ensemble des messages contenus dans les énergies captées par tous les nadis notre corps.

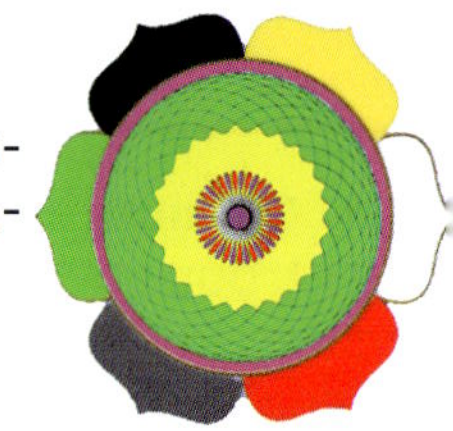

Il permet d'amener à notre inconscient ces informations, pour les traduire consciemment.

Interrogation :

- As-tu déjà "entendu" ta petite voix intérieure te conseiller ou te prévenir d'un événement futur ?

Pensées :

- Agis en bon gestionnaire.
- Tu es en lien avec l'énergie céleste, toi seul détiens les clefs pour l'utiliser.

Conseils :

- Autorise-toi enfin à ouvrir, grâce à tes clefs, les portes de ton avancée.
- Note ce que ton inconscient te transmet et prends conscience des événements inhabituels survenants dans ta vie.

Pierre d'action	Pierre complémentaire	Solide de Platon	Chakra Spirituel

Ambre	**Oeil Céleste**	**Sphère**	**Moi**

Mana Chakra

Deuxième Mandala de Vie

Ascenseur énergétique, le **Mana chakra** est le principal acteur de la transmission des informations captées par les nadis principaux au frontal.

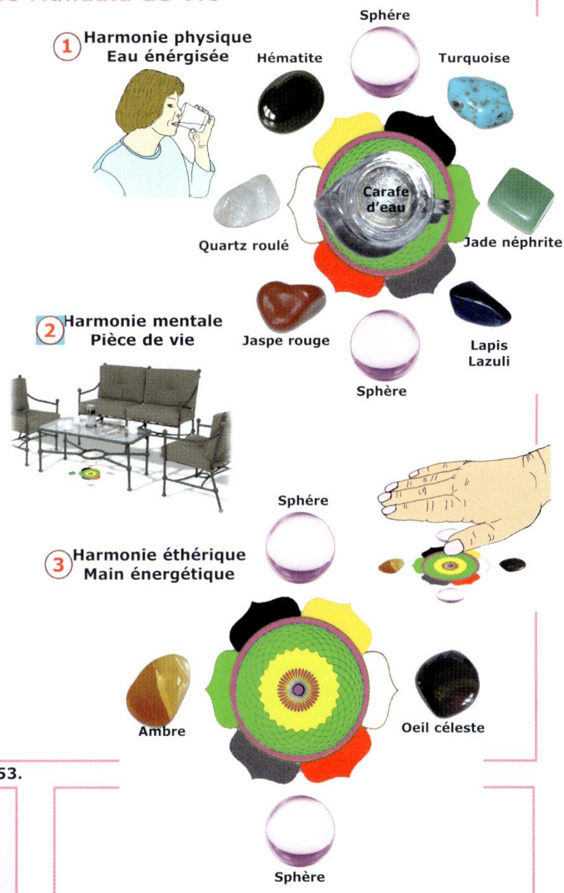

Application :

L'Ambre est l'image même du **"jeune vieux".**
Millénaire par son apparence et sa vitalité, nous continuons aujourd'hui à utiliser ses énergies. Son exemple peut être utilisé pour dépasser nos difficultés présentes sans se démunir d'énergie.

L'Oeil céleste, en association avec **la Sphère,** renforcera et génèrera vos besoins énergétiques spontanés.

Le dessin de ce mandala est à découper page 253.

Méditation :

Regardes-tu suffisamment autour de toi ?

Cet exercice apprend à gérer les énergies en bon gestionnaire.

66 Compassion

Symbolique :

Ce symbole est le troisième des douze forces vibratoires.

Ce symbole représente un lotus à seize pétales ayant en son centre un stupa.
Les quatre terrasses de ce stupa de base, rouges et vertes, symbolisent les quatre attitudes d'avancée bienveillante et l'attitude Spirituelle : l'expérience consciente du corps (rouge), l'expérience consciente des ressentis sensoriels (vert), l'expérience consciente de la réalité (orange), l'expérience consciente de l'ordre (jaune), l'expérience consciente du spirituel (bleu).

Interrogation :

- **Pourquoi veux-tu obstinément guérir celui qui ne veut pas guérir ?**

Pensées :

- Ne porte pas tous les maux de la terre.
- Ne t'apitoie ni sur ton sort, ni sur celui des autres.
- Agis en fonction de tes réels besoins et non en fonction du besoin des autres.

Conseils :

- Le petit sage disait: "Si tu donnes un conseil à quelqu'un et qu'il ne l'applique pas, considère que tu lui as mal expliqué et redonne-lui ce conseil".
- Mais si, au bout de la deuxième indication, il n'en tient pas compte, considère qu'il ne veut pas l'utiliser.
- Ne perds plus ton énergie et ton temps à t'obstiner "à vouloir lui faire comprendre ce qu'il ne veut pas entendre".

Pierre d'action	Pierre complémentaire	Solide de Platon	Chakra Spirituel

Quartz fumé	**Pierre de soleil**	**Ico-dodécaèdre**	**Décision**

Compassion
Troisième Mandala de Vie

Il est simple de s'apitoyer sur votre sort ou sur celui des autres. Il est plus difficile d'en trouver les solutions.

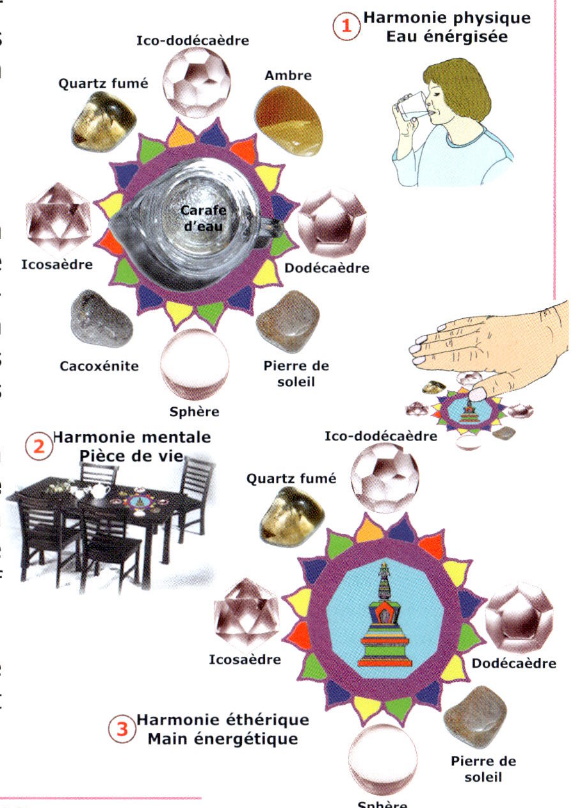

Application :

Le Quartz fumé, en lien avec le céleste, vous protège de votre faiblesse par compassion. Il vous fera agir en fonction de vos réels besoins et non en fonction de besoins imaginaires.

La Pierre de soleil, en lien avec **l'Ico-dodécaèdre** et **le chakra spirituel de la Décision,** réveille votre volonté d'être entier, créatif et non assisté.

"A partir d'aujourd'hui, je ne m'apitoierai plus sur mon sort ni sur celui des autres".

Le dessin de ce mandala est à découper page 253.

Méditation :

Qu'as tu à te faire pardonner ?

Cette pensée protège de la fragilité et de la faiblesse du laisser-aller.

67 Connaissance parfaite

Symbolique :

Ce symbole est le quatrième des douze forces vibratoires.

Ce symbole représente un lotus à seize pétales ayant en son centre VAJRADHARA qui incarne le Bouddha existant en chacun de nous.

Ne connaissant ni début, ni fin, il reflète l'obligation sans cesse répétée du nouveau, du pourquoi, et de l'avancée.

Interrogation :

- As-tu peur de montrer ton "imparfait" ?

Pensée :

- Comprendre que rien ne peut être continuellement parfait n'empêche pas d'améliorer l'imparfait.

Conseils :

- En ne cachant plus tes failles, tu t'autoriseras à les combler, mais surtout tu permettras aux autres de t'aider à les combler.
- Utilise tes dons d'écoute pour combler le vide apparent générant ton imparfait.

Pierre d'action	Pierre complémentaire	Solide de Platon	Chakra Spirituel

Aventurine	**Lapis-Lazuli**	**Octaèdre**	**Le Choix**

Etre Vrai

Quatrième Mandala de Vie

Il vous est interdit de vous mentir à vous-même comme il vous est aussi déconseillé de mettre en doute ce en quoi vous croyez.

Application :
Pour rester dans votre vérité profonde, pour être au plus près de votre Moi intérieur, ne mettez jamais en doute vos certitudes personnelles.

L'Aventurine, en lien avec le chakra cardiaque, siège de l'équilibre, apporte les énergies nécessaires à la continuité de votre confiance en vous.
Le Lapis-lazuli apporte les énergies nécessaires pour enclencher le rangement des événements du passé.
L'Octaèdre reflétant nos actes, nous donne le choix, soit de vivre dans l'approximatif, soit dans le vrai.

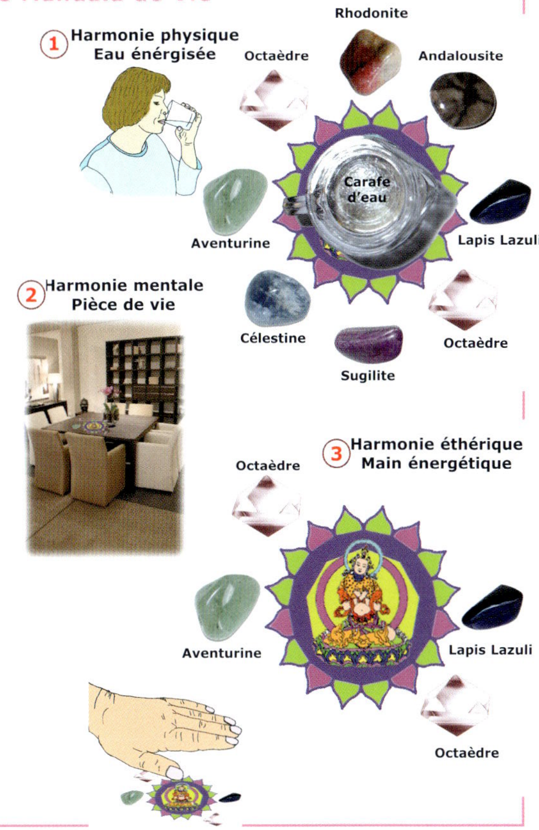

Le dessin de ce mandala est à découper page 253.

Méditation :

À compter de maintenant, autorise-toi à écouter, mais surtout à entendre.

Ces conseils permettent de sortir l'approximatif pour être dans le vrai.

68 La vue

Symbolique :

Ce symbole est le cinquième des douze forces vibratoires.

Ce symbole représente un lotus à seize pétales ayant en son centre le mantra universel AUM et le chakra frontal, centre de la perception sensorielle et du ressenti spirituel.
Il nous indique, en lien avec les égrégores célestes, la possibilité d'aller toujours plus loin, là où l'on ne soupçonne pas la possibilité d'aller.

Interrogation :

- Quels freins t'empêchent d'avancer dans ta vie ?

Pensées :

- Va au-delà de tes possibilités.
- Ta vue ne s'arrête pas à ce que tu ne vois pas, mais au moment où tu ne veux plus voir

Conseils :

- Ne reste pas dans l'expectative du "si j'avais su".
- Prends conscience de tes freins et de tes peurs et agis en conséquence :
    - Soit en acceptant vraiment la situation.
    - Soit en agissant pour la débloquer.
    - Mais ne laisse jamais les événements en l'état, sans appliquer l'une ou l'autre de ces méthodes.

Pierre d'action	Pierre complémentaire	Solide de Platon	Chakra Spirituel

Shiva-lingam	**Sugilite**	**Icosaèdre**	**Respect**

Voir

Cinquième Mandala de Vie

Prendre le temps de regarder pour mieux voir les réalités de la vie est le garant d'une avancée sans trop de surprises.

1 Harmonie physique
Eau énergisée

Application :

Le Shiva-ligam, associé au Talu chakra, permet de transmettre oralement ses perceptions conscientes ou inconscientes.

La Sugilite ouvre les yeux sur les réalités de votre vie, vous autorisant à voir vos qualités et vos défauts pour y remédier.

L'Icosaèdre, générant force et respect, dans ce cas de figure, vous aide à guérir des blessures psychologiques.

2 Harmonie mentale
Pièce de vie

3 Harmonie éthérique
Main énergétique

Le dessin de ce Mandala est à découper page 253.

Méditation :

**Autorise-toi
à vraiment voir.**

Cet exercice permet d'ouvrir les yeux pour ne pas simplement regarder, mais aussi voir les réalités de la vie.

69 Coronal

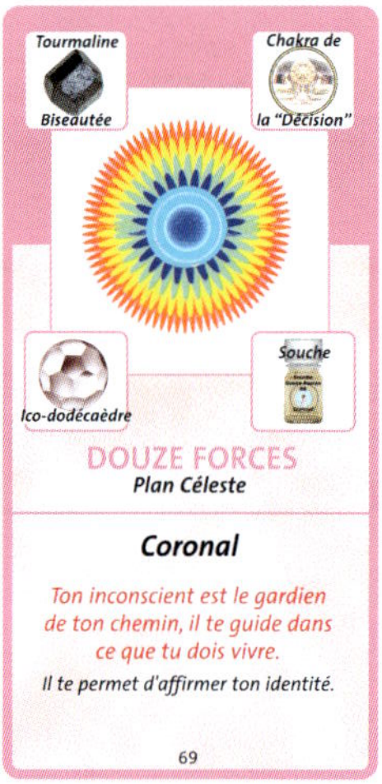

Symbolique :

Ce symbole est le sixième des douze forces vibratoires.

Ce symbole représente un lotus à "mille" pétales.

Il nous indique la possibilité de dépasser l'événementiel si celui-ci ne fait pas partie du chemin pour lequel nous sommes faits.
Il nous renforce dans notre individualité en nous indiquant notre voie et notre chemin.

Interrogation :

- Dans quelle mesure, dans ta vie, te sens-tu obligé de dévier de ton chemin ?

Pensées :

- Ton inconscient est le gardien de ton chemin, il te guide dans ce que tu dois vivre.
- Il te permet d'affirmer ton identité.

Conseil :

- En accord avec ton conscient et ton inconscient, sois vrai en toute circonstance, et tu n'auras plus peur d'être vraiment toi.

Pierre d'action	Pierre complémentaire	Solide de Platon	Chakra Spirituel

Tourmaline biseautée	**Galène**	**Ico-dodécaèdre**	**Décision**

Percevoir
Sixième Mandala de Vie

Bien souvent, dans notre existence, nous percevons des événements décisifs de notre vie, sans pour cela y prêter attention.

Application :

La Tourmaline biseautée, par son lien avec la terre, nous conduit vers un ancrage profond, nous permettant d'avoir les pieds sur terre face aux réalités de la vie.

La Galène, utilisée par nos grand-parents comme pièce maîtresse radiophonique, capte et perçoit, au sens psychologique, ce que notre inconscient connaît mais que notre conscient ne veut pas connaître. Appuyée par le chakra spirituel de la décision, elle entrebâille la porte de la perception.
L'Ico-dodécaèdre arrondit les angles de cette perception.

(1) **Harmonie physique**
Eau énérgisée

(2) **Harmonie mentale**
Pièce de vie

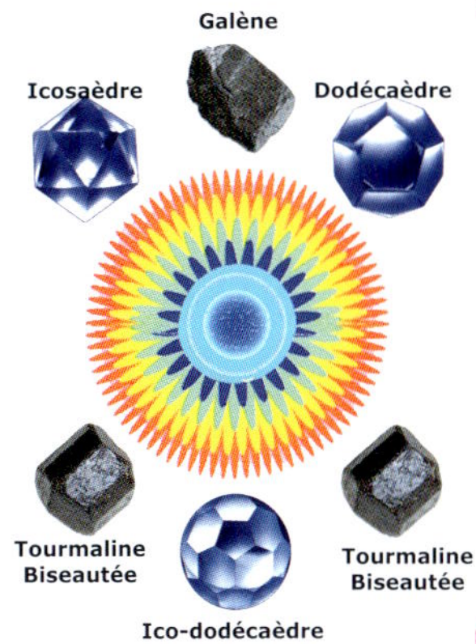

(3) **Harmonie éthérique**
Main énergétique

Le dessin de ce Mandala est à découper page 253.

Méditation :

Es-tu connu ou reconnu ?
Réfléchis et agis pour être reconnu et non connu.

Ce conseil permet de percevoir ce que le conscient ne veut pas voir.

70 Nirvana

Symbolique :

Ce symbole est le septième des douze forces vibratoires.

Ce symbole représente l'intérieur et l'extérieur.
Le chakra spirituel du Nirvana se décompose en deux parties identiques: l'un pour le corps physique, l'autre pour l'égrégore spirituel, source de l'énergie universelle aurique.

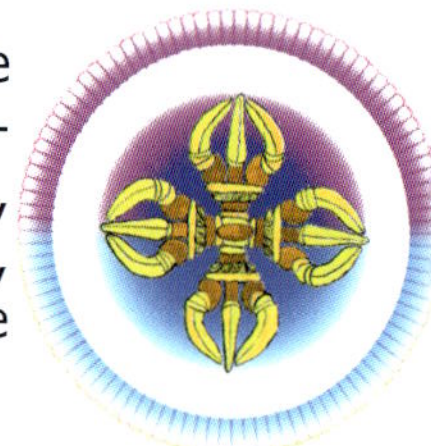

En contenant tout, il rayonne tout...

Interrogation :

- Que rayonnes-tu ?

Pensées :

- Prends conscience que tu es un être de lumière.
- A ce titre, n'oublie pas que toutes tes actions, même les plus insignifiantes, sont gravées pour l'éternité dans les mémoires de ton Nirvana.

Conseils :

- Si tu penses pouvoir rayer des événements vécus, tu te trompes. Tu seras toujours dans la peur du rappel de ces événements.
- Mais si tu décides de les ranger, tu t'autoriseras un aujourd'hui sans peur du passé.

Pierre d'action	Pierre complémentaire	Solide de Platon	Chakra Spirituel

Larme d'Apache	**Quartz tourmaline**	**Icosaèdre**	**Respect**

Grandir

Septième Mandala de Vie

Il ne suffit pas de grandir, encore faut-il assumer et faire perdurer cette évolution.

Application :

La Larme d'Apache permet de retourner sur vos pas afin de retrouver les éléments essentiels de vie que vous avez laissés lors de la croissance.

Le Quartz tourmaline repousse les tentations de gravir trop vite les échelons de l'évolution.

Au plus profond de sa matière, **la Tourmaline,** telle un refuge, facilite un nouveau départ après une erreur de parcours.

L'Icosaèdre, associé à ces deux éléments, permet de garder le respect.

① **Harmonie physique**
Eau énergisée

② **Harmonie mentale**
Pièce de vie

③ **Harmonie éthérique**
Main énergétique

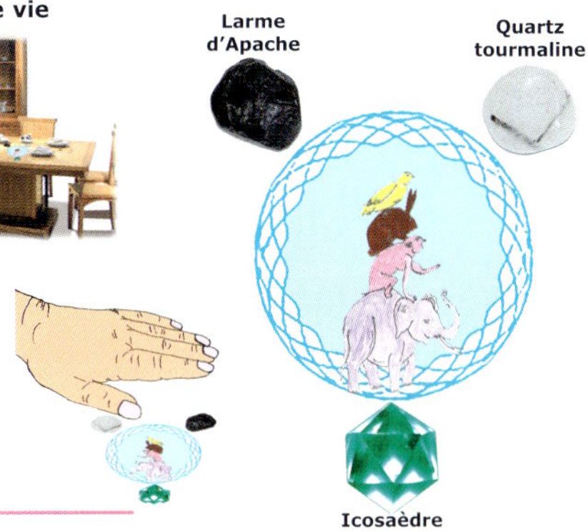

Le dessin de ce Mandala est à découper page 255.

Méditation :

Autorise-toi à ranger les événements passés sans les rayer de ta vie.

Cet exercice autorise l'évolution et facilite le retour aux Sources.

71 La voie

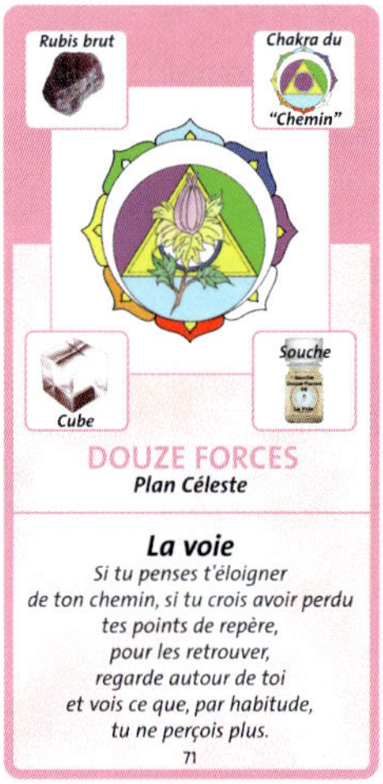

Symbolique :

Ce symbole est le huitième des douze forces vibratoires.

Ce symbole représente un lotus à huit pétales ayant en son centre un lotus sur le point de s'ouvrir.
Parfois représenté en bleu, le lotus symbolise un stade intermédiaire sur le chemin intérieur.

Il nous indique surtout que nous avons, même si nous ne nous en rendons pas ou plus compte, toutes les énergies nécessaires pour avancer, en insistant sur le fait que l'heure de la pause est passée.

Interrogation :

- Pour quelles raisons as-tu peur d'avancer ?

Pensée :

- Si tu penses t'éloigner de ton chemin, si tu crois avoir perdu tes points de repère, pour les retrouver, regarde autour de toi et vois ce que, par habitude, tu ne perçois plus.

Conseils :

- Réveille-toi de ta torpeur et sors de tes habitudes immobilisantes.
- Tu as toutes les qualités en toi pour utiliser tes connaissances comme propulseur de ton avancée.
- Si, dans ton chemin , la voie te semble fermée, utilise la "serpe" pour la dégager.

Pierre d'action	Pierre complémentaire	Solide de Platon	Chakra Spirituel

Rubis brut	**Amétrine**	**Cube**	**Chemin**

Vraie Voie

Huitième Mandala de Vie

Qui peut dire quel est **son Chemin de Vie** ?
Le petit sage disait : "Tout ce qui est bon et facile fait peut-être partie du **Chemin de Vie...** Mais tout ce qui est difficile et douloureux en fait peut-être aussi partie."

Application :

Le Rubis brut permet, avec force, d'affirmer vos convictions, qu'elles fassent partie de votre vrai chemin ou non. L'important n'est-il pas de vivre le temps linéaire et le temps cyclique passionnément ?

L'Amétrine relie votre Divin au céleste, siège de votre future destinée.
La Citrine, partie intégrante de l'Amétrine, vous donne la force d'avancer dans votre chemin.

Le Cube renforce cette énergie en vous autorisant, grâce à ses racines profondes, à vous élever vers votre destinée.

① **Harmonie physique**
Eau énérgisée

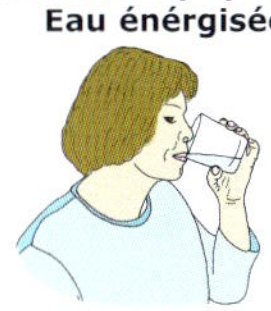

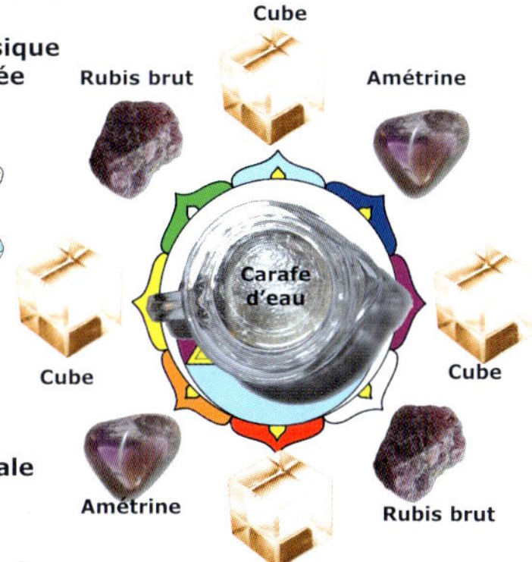

② **Harmonie mentale**
Pièce de vie

③ **Harmonie éthérique**
Main énergétique

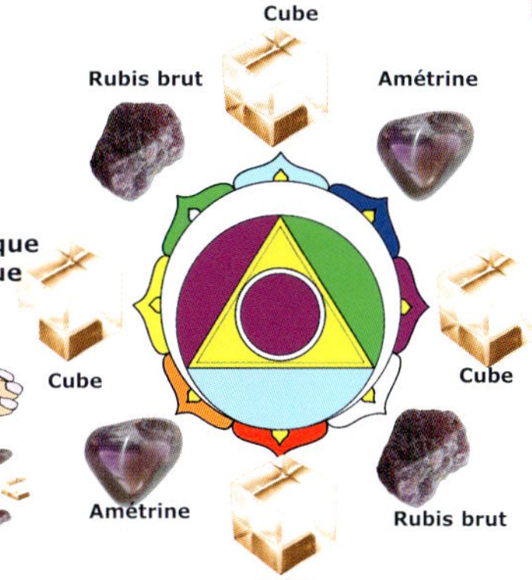

Le dessin de ce mandala est à découper page 255.

Méditation :

Avances-tu dans ta vie ?

Cet exercice permet de développer les racines du chemin.

72 Rayonnement

Symbolique :

Ce symbole est le neuvième des douze forces vibratoires.

Ce symbole représente **le chakra spirituel du Rayonnement.**

Interrogation :

- Autour de toi, qui veut éteindre ta flamme intérieure ?

Pensées :

- Abandonne tes sentiments d'infériorité.
- Retrouve ta joie de vivre.
- Ton rayonnement te fera retrouver confiance et sérénité.

Conseils :

- Si, sur ton chemin, tu rayonnes, l'harmonie générée par ce rayonnement te propulsera vers l'amour et le bonheur.
- Pense que tu as, comme tous les autres, des points à améliorer.
- Le petit sage disait : "Si tu montres tous tes défauts, seule ta qualité sera visible, mais si tu dévoiles toutes tes qualités, seul ton défaut les cachera".

Pierre d'action	Pierre complémentaire	Solide de Platon	Chakra Spirituel

Sugilite	Calcite orange	Tétraèdre	Rayonnement

Rayonnement

Neuvième Mandala de Vie

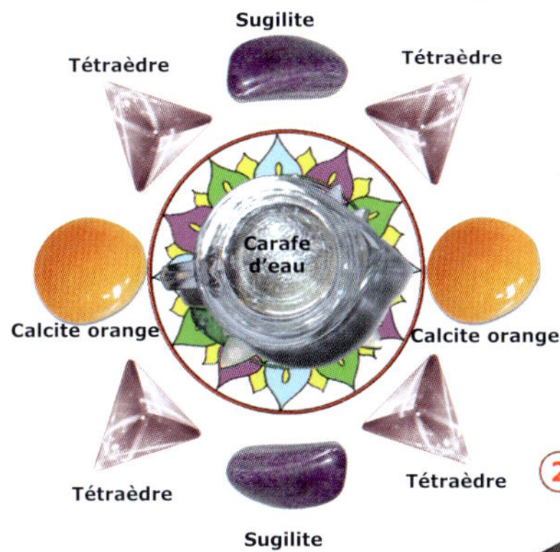

① **Harmonie physique**
Eau énergisée

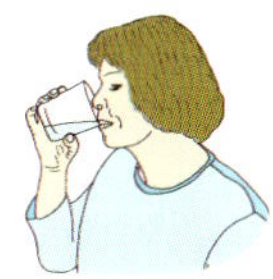

② **Harmonie mentale**
Pièce de vie

③ **Harmonie éthérique**
Main énergétique

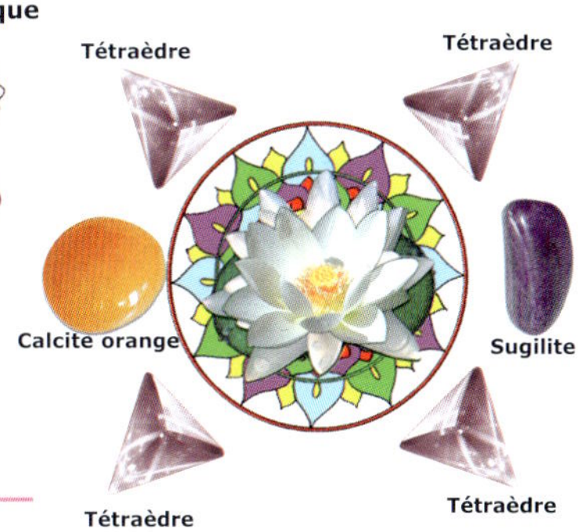

S'il est bon de rayonner, il est aussi important d'apporter les énergies nécessaires pour continuer à rayonner.

Application :

Rayonner ne veut pas dire envahir. Si pour vous, il est important d'être visible, il est conseillé de le faire dans la plus grande douceur.

La Sugilite est un outil énergétiquement compatible avec le rayonnement.

elle peut être utilisée par tous, sans modération.

La Calcite orange tempère les énergies et atténue le rayonnement excessif.

Renforcée par **le Tétraèdre,** elle favorisera les liens entre les énergies structurelles (le minéral, le végétal et le mental).

Le dessin de ce mandala est à découper page 255.

Méditation :

As-tu un but ou une passion dans ta vie ?

Cet exercice permet de gérer les énergies de rayonnement.

73 L'harmonie

Symbolique :

Ce symbole est le dixième des douze forces vibratoires.

Une flamme génère tout autour d'elle l'harmonie de sa lumière.

Considérée comme phénomène énergétique universel, elle est supposée être le conducteur **du Nirvana supérieur,** après que celui-ci se soit détaché de son support physique.

Interrogation :

- As-tu prévu suffisamment de combustible, d'énergie pour alimenter ta flamme intérieure, garant de ton harmonie ?

Pensées :

- Reste en harmonie et tu seras guidé vers la lumière.
- Libère-toi de toutes tes vieilles croyances.
- Cherche ton harmonie dans tes passions.

Conseils :

- Si, dans ton chemin rayonnant, tu répands l'harmonie de ton comportement, tu seras porté par la lumière engendrée par tes actes.
- Ton comportement, tes agissements, sont les véritables sources énergétiques permettant à ton feu intérieur de ne pas s'éteindre, mais surtout, de ne pas l'utiliser pour continuer à briller d'artifices extérieurs éphémères.

Pierre d'action

Quartz rose

Pierre complémentaire

Tourmaline biseautée

Solide de Platon

Dodécaèdre

Chakra Spirituel

Harmonie

Chakra spirituel de l'Harmonie

Dixième Mandala de Vie

Le chakra spirituel de l'Harmonie, situé au sommet du mandala, est en équilibre instable, ne pouvant que se déstabiliser...

Application :

Seule votre volonté de dépasser l'éphémère vous garantira la continuité harmonieuse.

Le Quartz rose, stimulant du chakra cardiaque, apporte dans votre chemin calme et douceur.

La Tourmaline biseautée permet l'harmonie. elle permet, en lien avec votre moi profond, de voir clair afin de ne pas être mis en disharmonie.

Le Dodécaèdre, protecteur, vous entoure de ses énergies bienfaitrices, permettant, lors des évolutions de compréhension, une harmonie sereine.

(1) Harmonie physique
Eau énérgisée

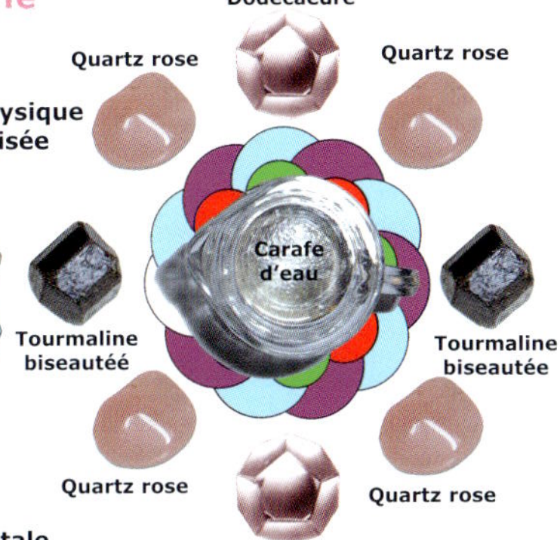

(2) Harmonie mentale
Pièce de vie

(3) Harmonie éthérique
Main énergétique

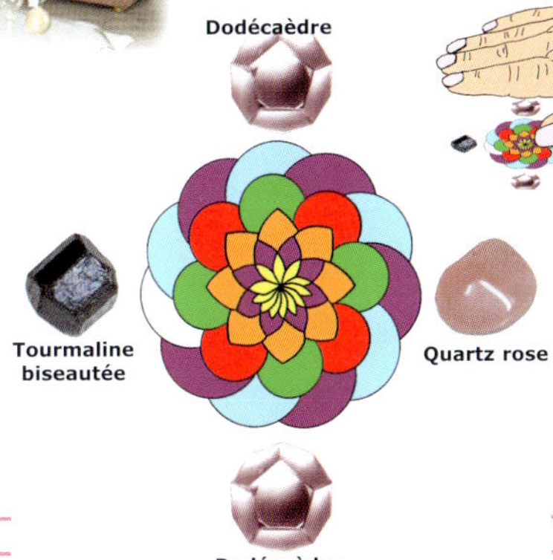

Le dessin de ce mandala est à découper page 255.

Méditation :

Es-tu vrai, toujours et partout, dans ta vie ?

La confection de ce Mandala contribue à maintenir l'équilibre éphémère de l'harmonie.

74 L'amour

Symbolique :

Ce symbole est le onzième des douze forces vibratoires.

Ce symbole représente un mandala renfermant deux mains tendues vers le ciel, tenant en lévitation une sphère composée de lotus multicolores.
Il nous indique nos possibilités énergétiques intérieures insoupçonnées, générées par la croyance en notre moi profond.
Il nous signale aussi l'importance de croire en soi, et surtout de s'aimer.

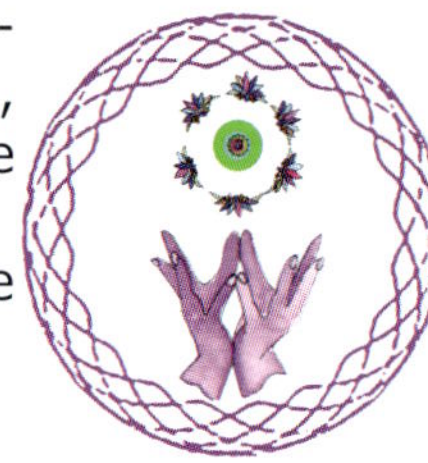

Interrogation :

- Te donnes-tu le temps de penser à toi ?

Pensées :

- Dans ton cœur, tout est amour.
- Toute ta richesse est lumière, source infinie d'amour.
- Apprends à t'aimer et tu aimeras les autres.

Conseil :

- Si tu aimes et si, dans ton cœur tout est amour, n'attends pas en retour l'amour des autres. S'il vient, tu en seras grandi, mais s'il ne vient pas, tu ne seras pas touché.

Pierre d'action	Pierre complémentaire	Solide de Platon	Chakra Spirituel
	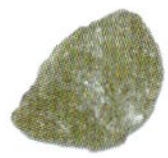		
Rhodonite	**Grenat vert**	**Merkaba**	**L'Amour**

Chakra spirituel de l'Amour

Onzième Mandala de Vie

Ephémère et endormissant, mais indispensable à notre équilibre de vie, **le chakra spirituel de l'Amour,** convenablement compris, donne l'inertie d'un perpétuel renouveau.

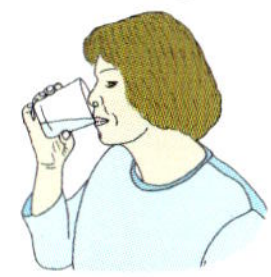

Application :
L'habitude est l'assassin de l'Amour.
La Rhodonite stimule l'énergie du "coeur" en le sortant de ses habitudes dévastatrices.
Le Grenat vert, associé au **Merkaba** (chariot de la plénitude de l'Amour), permet, dans votre chemin, de vous servir des énergies vous ayant conduit au Bonheur et à l'Amour et de gravir les marches de la continuité de votre bonheur.

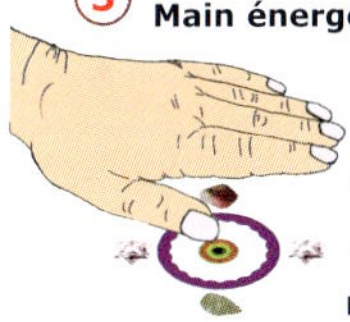

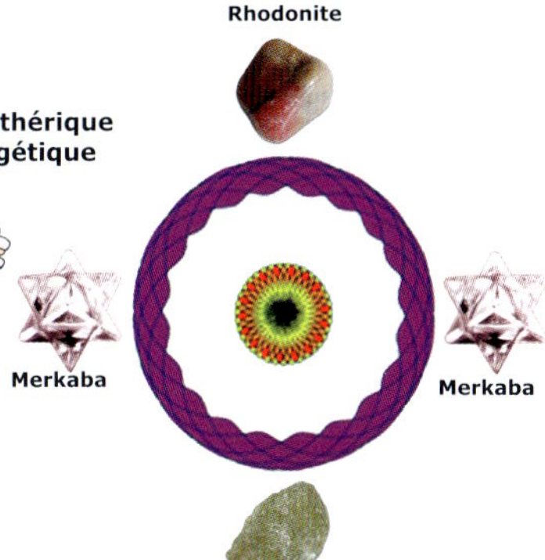

Le dessin de ce mandala est à découper page 255.

Le petit sage a dit :
"Si tu fais du bien, attends-toi en retour à récolter de la part des autres de la négativité. Mais bien entendu, si tu fais du mal, ne t'attends pas à recevoir du bien..."

La confection de ce mandala permet la continuité tout en étant "réveillé" de l'Amour.

75 Le bonheur

Symbolique :

Ce symbole est le douzième des douze forces vibratoires.

Ce symbole représente quatre cloches enfermées dans un mandala, qui ne peuvent pas résonner aux quatre points cardinaux ni transporter dans leurs énergies vibratoires les actions, les pensées, les joies et les peurs de la vie.

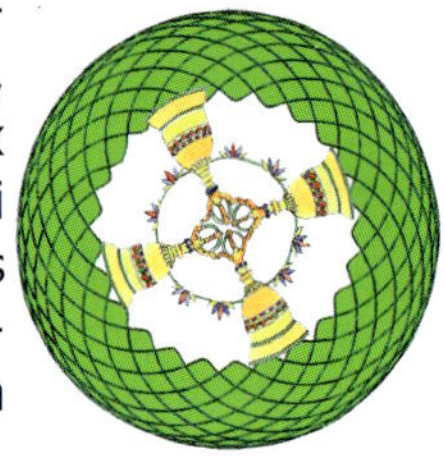

Interrogation :

- Le bonheur ressemble-t-il pour toi à un renfermement intérieur ?

Pensées :

- Entretiens ton bonheur.
- Dans ton chemin, si tu es présent, si tu rayonnes et si tu es en harmonie, l'amour et le bonheur seront au rendez-vous.

Conseil :

- Si, dans tes périodes cycliques de bonheur, tu prévois une continuité pour à nouveau, prendre un chemin, rayonner, être en harmonie afin de retrouver amour et bonheur, tu seras dans le cycle de l'évolution et non dans celui de la défiance.

Pierre d'action	Pierre complémentaire	Solide de Platon	Chakra Spirituel
		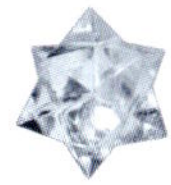	
Grenat vert	**Quartz Herkimer**	**Merkaba étoilé**	**Le Bonheur**

Chakra spirituel du Bonheur

Douzième Mandala de Vie

Le Bonheur est une forme d'illusion éphémère demandant sans cesse d'être renouvelé.

Application :

Rien ne peut s'effacer.

Le Grenat vert apporte au frontal les énergies nécessaires pour véhiculer les informations perçues à votre "Centre de Vies" : Le Nirvana.

Le **Quartz Herkimer,** pierre de jugement, amplifie vos perceptions physiques et spirituelles.

Le Merkaba étoilé capte dans toutes les directions les chemins de réponse aux questions posées.

Le Bonheur et l'Amour étant éphémères, utilisez ces moments pour construire et non pour vous endormir sur un état passager...

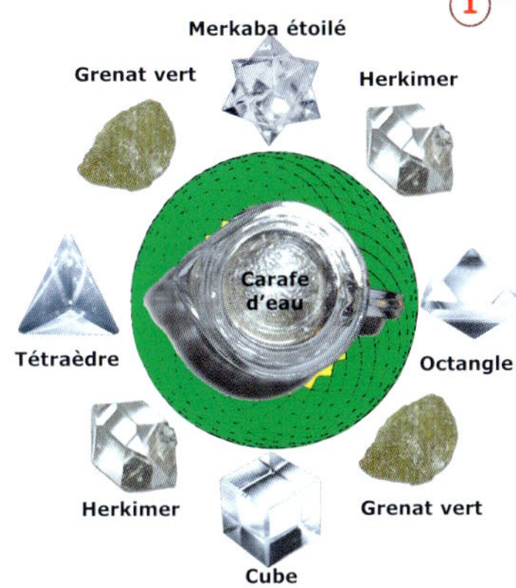

① Harmonie physique
Eau énergisée

② Harmonie mentale
Pièce de vie

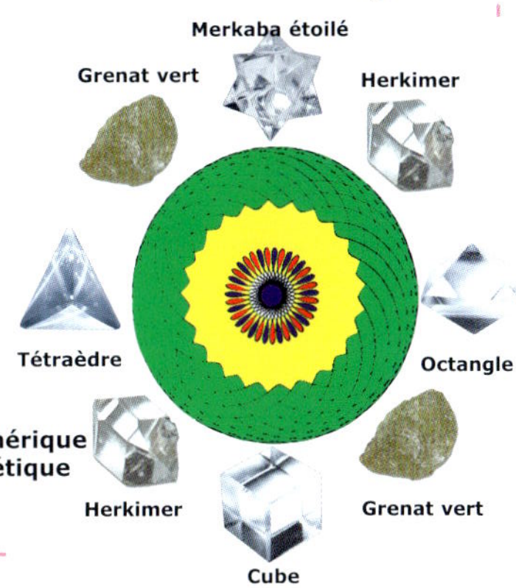

③ Harmonie éthérique
Main énergétique

Le dessin de ce mandala est à découper page 255.

Méditation :

Ne t'attache pas à ton bonheur, entretiens-le.

La confection de ce mandala permet de se réveiller comme on s'est endormi : sans surprise.

1 - Les cinq cartes de la lignée "Jugement"

76 L'imparfait

Symbolique :

Ce symbole, dans le jeu des douze forces vibratoires, arrête le tirage tant que la personne ayant tiré cette carte n'a pas résolu son problème de fond qui empêche toute avancée réelle.

Ce symbole représente la protection et le temps enfermant un stupa, base de toute fondation.

Interrogation :

- Que renfermes-tu au plus profond de toi ?

Pensée :

- Te croire sans cesse sous le regard des autres développe un stress, t'oblige à te protéger dans le temps, empêche ton évolution.

Conseil :

- Tant que tu n'auras pas pris conscience et admis tes faiblesses, tu ne pourras pas rejoindre les chemins de ton évolution.

Pierre d'action

Morganite

Pierre complémentaire

Lépidolite

Imparfait

En tenant compte de vos erreurs, vous éviterez les fautes répétitives.

Application :

La Morganite, pierre de force impartiale, apporte à votre inconscient les énergies de décision et de jugement.

Agissant sur **l'Imparfait**, elle incite à prendre en compte le bien et le mal engendrés par les erreurs.

A cette seule condition, le corps physique ne sera pas entraîné vers le déséquilibre et la maladie psychosomatique.

La Lépidolite, en lien avec votre Moi intérieur profond, permet de vouslibérer de vos craintes, fondées ou non.

Méditation :

Tout en tenant dans votre main gauche **la Morganite** et dans votre main droite **la Lépidolite**, asseyez-vous dans un endroit confortable.

Respirez profondément plusieurs fois, tout en pensant, à chaque expiration, à chasser le fait d'être parfait, (tout en ne négligeant pas le fait d'essayer).

Détendez-vous dans cet instant de soulagement.

Calmement, pensez à ce que vous voudriez améliorer.

Prenez vos imperfections comme des éléments permettant votre évolution et non comme des fatalités négatives.

Sans vous appitoyer sur votre sort, pensez **aux moyens** dont vous disposez pour améliorer votre état d'esprit.

Faites face, relevez la tête et pensez **au besoin** qu'il vous faudrait pour être en accord avec vous-même.

Là, est la Clef de votre évolution...

As-tu essayé d'accepter que tu n'es pas parfait ?

As-tu, de ce fait, accepté les défauts des autres ?

77 Foetal

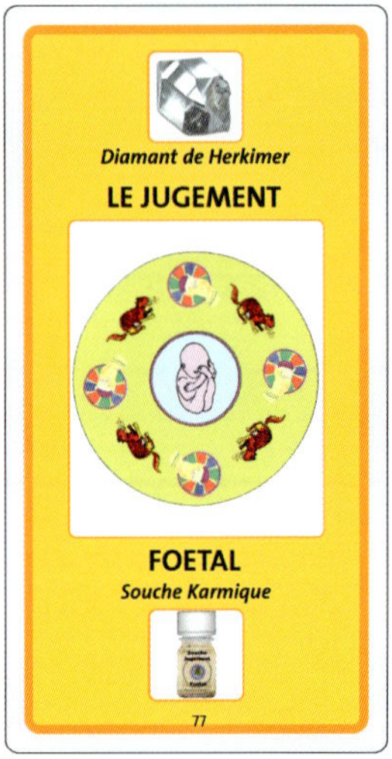

Symbolique :

Ce symbole, dans le jeu des douze forces vibratoires, arrête le tirage tant que la personne ayant tiré cette carte n'a pas résolu son problème de fond qui empêche toute avancée réelle.
Quatre mangoustes, gardiennes des trésors, recrachant les joyaux avalés par cupidité, mettent en garde de ne pas tomber dans la facilité de la copie sans effort, du détournement de biens de toute nature, de l'usage de titres non mérités.

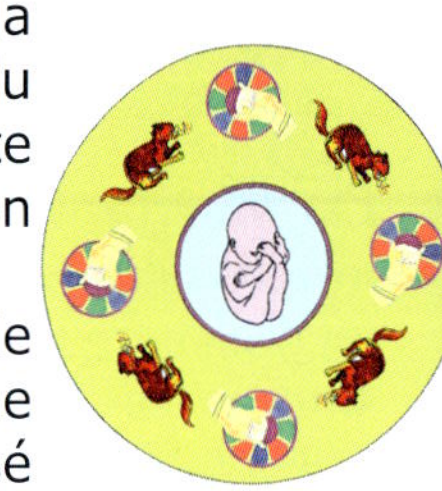

Un bouclier tenu par l'annulaire, le majeur et l'index de la main gauche de l'un des géniteurs, est censé nous protéger de nos racines.

Interrogation :

- Que reproches-tu sans cesse, consciemment ou inconsciemment, à tes géniteurs ?

Pensée :

- S'il est facile de condamner père et mère de tout ce que l'on n'a pas pu faire, ou de son état présent, il est plus difficile de reconnaître que l'on n'a rien fait pour ne pas être dans cette même situation.

Conseil :

- Sois adulte, agis comme un adulte responsable de ses actes.

Pierre d'action	Pierre complémentaire

Quartz Herkimer	**Rubis brut**

Energie Vitale

Dès la première division de cellule, votre **Temps de Vie**, votre **Chemin de Vie** et votre **Energie Vitale**, sont programmés.

Application :

Le Quartz Herkimer, par sa pureté, conduit les énergies dégagées par la lumière au siège de l'Energie Vitale. Il contribue à remplacer les énergies utilisées.

Le Rubis brut, pierre symbolisant la richesse tant matérielle que spirituelle, assure, par ses énergies, l'équilibre des plans aurique et causal.

Avec un grand respect, asseyez-vous auprès d'un arbre, au bord de l'eau, sur une plage de sable ou tout autre endroit vous convenant.

Prenez dans vos mains une pierre, un morceau de terre ou une poignée de sable.

Ressentez la force dégagée par cet élément.

Imprégnez-vous de cette énergie de la Terre en la remerciant d'être votre Mère nourricière. Engagez-vous à faire face à la vie, en accord avec vos actes.

Se relier aux énergies **de l'Herkimer et du Rubis brut** permet, tout en se ressourçant, de se rappeler ses engagements.

Reportes-tu la faute de ton instabilité, de ta situation, de ton comportement sur tes géniteurs ?
Si c'est le cas, il est temps de prendre ta vie en main en prenant l'entière responsabilité de tes actes.

78 Conscience

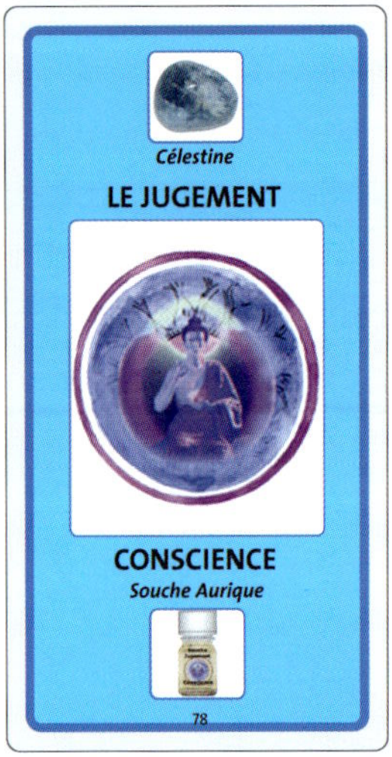

Symbolique :

Ce symbole, dans le jeu des douze forces vibratoires, arrête le tirage tant que la personne ayant tiré cette carte n'a pas résolu son problème de fond qui empêche toute avancée réelle.

Un lotus, enfermé dans un mandala de couleur bleu-violet, ne peut rayonner.

Le symbole de la fleur de lotus représente la pureté de l'esprit mais aussi l'origine pure ou divine, particulièrement pour le lotus ouvert, symbole de la pureté de la genèse, de l'origine.

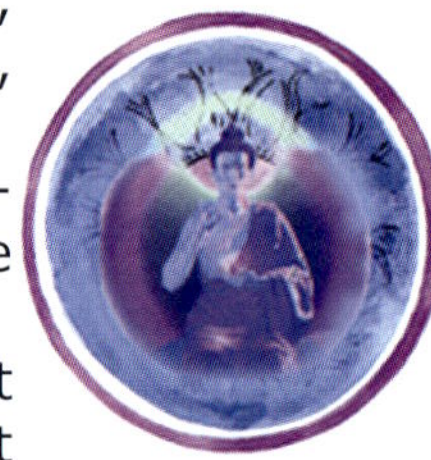

Partant des sols boueux dans lesquels il prend racine, il fleurit, noble et fier à la surface de l'eau.

Le lotus est aussi une sorte de reflet de rappel à la terre, nous faisant prendre conscience qu'aucune élévation, sans lien avec la terre, ne peut être durable.

Interrogation :

- En conscience, prends-tu le temps d'écouter ton inconscient ?

Pensée :

- Pèse le pour et le contre de tes actions et tu seras en accord avec ton moi intérieur, avec ta conscience.

Conseil :

- Si en conscience, tu acceptes les conséquences de tes actes, tu ne seras pas touché. Mais si tu les repousses, tu en seras affecté.

Pierre d'action	Pierre complémentaire

Célestine	Cacoxénite

Prendre Conscience

S'il est facile de prendre conscience d'une situation ou d'un fait, il est plus difficile d'agir en rapport avec cette situation ou ce fait.

Puisez avec votre main gauche les multiples vibrations de ce mandala.

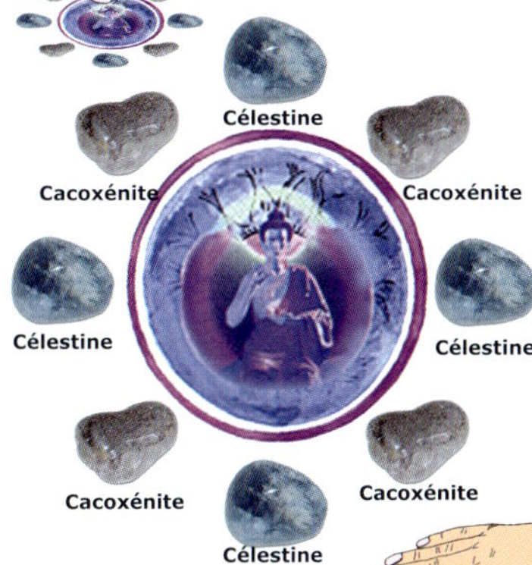

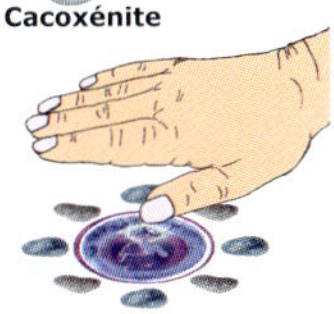

Redonnez avec votre main droite ce qui ne fait pas partie de votre véritable énergie de besoin.

Application :

La Célestine exerce un effet positif sur le Moi et sur votre jardin secret. Elle permet de trouver refuge dans le calme et la sérénité, permettant une réactivité adaptée.

La Cacoxénite, associée aux huit symboles du bonheur, permet :

D'une part, de prendre conscience du vécu, séparant les moments positifs de ceux négatifs.

D'autre part, de puiser dans ses multiples énergies, la véritable énergie de besoin.

Le dessin de ce mandala est à découper page 259.

Méditation :

Prends pleinement conscience de tes actes.

79 Equilibre terrestre

Symbolique :

Ce symbole, dans le jeu des douze forces vibratoires, arrête le tirage tant que la personne ayant tiré cette carte n'a pas résolu son problème de fond qui empêche toute avancée réelle.

Une balance, symbolisant le jugement et l'impartialité, rappelle l'importance de l'équilibre terrestre.

Interrogation :

- Prends-tu conscience de ton influence terrestre ?

Pensée :

- Toute action sur l'un des plateaux de la balance engendre une contre-réaction afin de maintenir l'équilibre.

Conseil :

- Attends toi, après chaque avancée dans ta vie, à devoir agir pour maintenir le frêle équilibre de ton chemin.

Pierre d'action	Pierre complémentaire

Magnétite	Mahagonite

Equilibre Terrestre

Bien harmonisé, l'ensemble de nos centres énergétiques assurera, consciemment et inconsciemment, notre équilibre terrestre.

Application :
La Magnétite, pierre de jugement, facilite l'orientation terrestre, spirituelle et divine.
Elle vous relie au centre de la terre, facilitant les liens avec la nature.
La Mahagonite, reliée au chakra de terre, vous incite à prendre rapidement des décisions adéquates, pour ne pas être déçu.

Placez-vous au milieu de ce mandala de pierres pour vous recentrer.

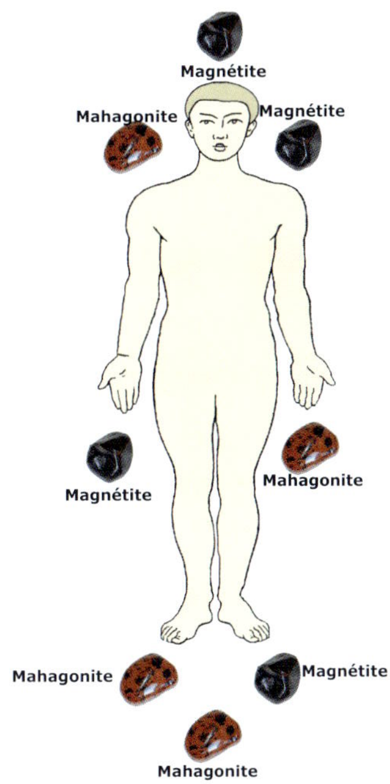

Recherche toujours l'équilibre dans ton chemin.

80 Equilibre spirituel

Symbolique :

Ce symbole, dans le jeu des douze forces vibratoires, arrête le tirage tant que la personne ayant tiré cette carte n'a pas résolu son problème de fond qui empêche toute avancée réelle.

Chaque message inconscient, prémonitoire, s'il est entendu, compris et utilisé consciemment, autorise la venue d'un autre message, et cela à l'infini.

Interrogation :

- Pourquoi n'utilises-tu pas les messages prémonitoires de ton inconscient ?

Pensées :

- Mon inconscient est mon meilleur ami.
- Mes prémonitions doivent être vérifiées et comprises avant d'être transmises.

Conseils :

- Autorise-toi à croire en tes possibilités prémonitoires.
- Admets aussi que d'autres puissent également avoir de telles facultés.

Pierre d'action	Pierre complémentaire

Mangano	Agate mousse

Equilibre spirituel

Etre en accord consciemment avec votre inconscient assure votre équilibre spirituel.

Placez-vous au milieu de ce mandala de pierres pour entendre votre inconscient

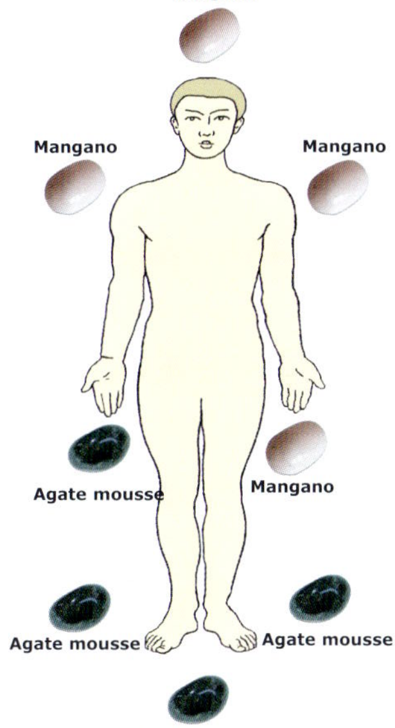

Application :

La Mangano calcite, pierre de jugement, relie le plan Divin au plan astral. Pierre de fermeté, elle agit et réagit sans violence. Elle permet de vous guider dans votre avancée.

L'Agate mousse, en vous permettant de vous projeter dans l'avenir, vous permet de prendre confiance en vous et de vous déculpabiliser.

Fais-toi enfin confiance.

E
A
O
O
U
5
Calcite orange
Calcite orange
Applications pratiques
Relationnel

La carte du jour

"Le tirage spontané"

Pour être utile et efficace, le tirage de **cette carte devrait s'effectuer aux aurores,** mais pour les lève-tard, **elle peut aussi être tirée jusqu'à midi.**

1- Brasser plusieurs fois les cartes.

2- Etaler le jeu devant soi.

3- En suivant simplement l'instinct, choisir la carte du jour.

4- Lire attentivement la pensée du jour.
Prendre le temps de méditer sur ces quelques mots en lien avec l'état du moment.

5 - Se référer aux livres pour la pierre, le symbole et la souche énergétique

La question du jour

"Le tirage spontané"

1- Avant de procéder à ce tirage, déterminer explicitement la demande le plus simplement possible.
2- Inscrire cette demande sur une feuille de papier blanc.

3- S'installer confortablement devant une table.
4- Brasser plusieurs fois les cartes en pensant à la demande.

5- Etaler celles-ci devant soi.
6- Positionner l'échelle de couleurs à gauche.

⑦

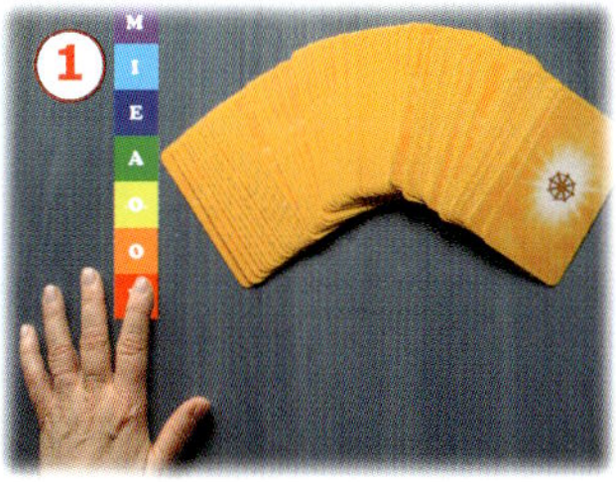

7- Inspirer doucement, longuement, intensément. Nourrir le hara par la pensée intérieure de **la montée des voyelles énergétiques vibratoires (u-o-o-a-e-i-m).**
Nourrir le corps éthérique par le toucher des couleurs correspondantes **(1-2-3...).**

8- Expirer tout aussi lentement en pensant à la demande. **Répéter cet exercice trois fois.**

9- Avec la main gauche (la main qui prend), tirer la carte répondant intuitivement à la demande.

Cette carte donne trois outils (le minéral, le symbole et la souche énergétique) débouchant sur trois exercices développant l'énergie aidant à réaliser la demande.
Il est conseillé d'effectuer un exercice par jour et ce pendant trois jours.
Exemple :
- Lundi : exercice avec les pierres correspondantes.
- Mardi : avec le symbole correspondant.
- Mercredi : avec la souche correspondante à la carte tirée.

Malgré les énergies générées par vos exercices, **sans agir sur le fond de votre demande, rien ne pourra évoluer.**

Le pour et le contre

Ce tirage peut s'utiliser :
- soit en complément du tirage de la carte de demande,
- soit individuellement en fonction d'une question, d'une réalisation ou d'un projet.

1-Brasser les cartes en pensant au projet ou à la demande.

2-S'installer confortablement...
Tout en brassant les cartes, **faire mentalement une montée vibratoire de couleurs (rouge, orange, jaune, vert, bleu, violet, blanc).**

3- Etaler le jeu devant soi.

4- De la main gauche tirer trois cartes.

La première représente le pour, la deuxième le besoin et la troisième le contre.

Le pour **Le besoin** **Le contre**

Agir comme précédemment pour générer l'égrégore vibratoire permettant de se relier aux différents chemins de réponse par rapport au pour, au besoin et au contre.

Bibliographie

Comment Oser Dépasser les Défis de sa Vie ?

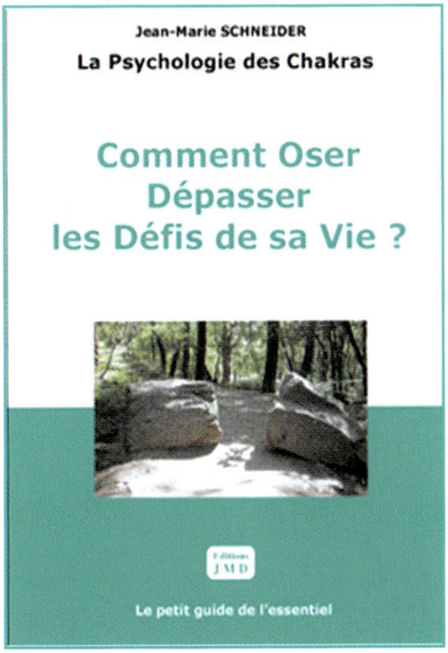

Ce guide vous fera découvrir les principaux centres énergétiques de notre corps appelés chakras, qu'ils soient physiques ou mentaux, ainsi que les différentes énergies nécessaires pour les faire résonner harmonieusement afin d'être bien dans votre corps et dans votre mental.

Il vous permettra de comprendre et de savoir comment émettre et capter le flux des énergies positives afin d'oser dépasser les défis de votre vie.

Il traite d'une façon simple et explicite, en allant à l'essentiel, les principales sources énergétiques de l'ensemble des chakras de conscience et des chakras physiques.

Aborde:
- **La lithothérapie.**
- **Les principaux chakras.**
- **Le mandala de pierres.**
- **Les propriétés des couleurs.**
- **L'aromathérapie.**
- **Le ruban sans fin.**

Collection:
Le petit guide de l'essentiel.
ISBN 2-9521745-1-2
9 782952 174510
12 €
17$ Canadiens

Le complément indispensable des livres :
"Les liens terrestres"
"Bien vivre mon relationnel"

Les liens terrestres

25 $ Canadiens

On vit son présent pour engendrer son futur, mais en aucun cas, on ne peut rayer son passé.

En assumant nos erreurs, nous évitonsles fautes répétitives.

Ce premier volume est le résultat de plusieurs dizaines d'années d'observation du comportement énergétique, somatique et psychologique de l'être humain.

Il a pour but, page après page, de vous faire poser les questions personnelles vous permettant de voyager et de comprendre le chemin de votre vie.

En lisant entre les lignes, vous vous plongerez dans la vérité de votre quotidien, tout en trouvant les clefs à vos difficultés présentes.

Ce livre a une approche différente mais complémentaire des énergies subtiles. Il est conseillé à toute personne, même débutante, voulant avancer vers la compréhension du pourquoi de son chemin terrestre et spirituel...

Nous voyagerons ensemble grâce aux sons, aux couleurs, aux odeurs, aux pierres et cristaux dans l'univers très particulier de notre corps physique, émotionnel et spirituel.

Nous visiterons l'ensemble de nos centres énergétiques pour en comprendre le pourquoi et le comment.

Du physique au somatique, en passant par le relationnel et le spirituel, **vous conduirez votre propre attelage afin de comprendre et retransmettre, non pas mes acquis, mais les vôtres, grâce au développement de votre connaissance.**

Bien vivre mon relationnel

25 $ Canadiens

Notre passé crée inévitablement tempêtes et tourments mais aussi joies et bonheurs, ce qui ne peut être évité suit son cours.

Bien vivre son relationnel, c'est accepter que ce qui est vrai aujourd'hui ne le sera peut-être pas demain.

C'est admettre aussi qu'une "connaissance" d'aujourd'hui sera inévitablement un inconnu demain si l'on ne sait pas différencier l'extérieur de l'intérieur de l'être humain.
Enfin, comprendre son relationnel, **c'est apprendre à ne pas différencier le grand du petit par leurs apparences bien souvent trompeuses,** mais savoir discerner sereinement les points de concordances énergétiques, psychologiques ou spirituels, vérifiables et renforcés par le temps.
Pourquoi des amis de toujours en arrivent à se détester subitement sans raison apparente ?

Vouloir absolument plaire n'aboutit qu'à un désir obsessionnel engendrant immanquablement un auto-empoisonnement intérieur destructeur.
Pourquoi, dans votre vie de tous les jours, vous sentez vous constamment rejeté ?

Ce deuxième volume vous conduira dans les méandres insoupçonnés de votre attitude personnelle face au relationnel volontaire ou imposé, **vous permettant de comprendre pourquoi certaines de vos actions peuvent, soit vous déstabiliser ou, au contraire, vous rendre le plus grand des services.**

Approche psychologique des pierres et des cristaux. Tome 01

"LE SECRET DES PIERRES AU QUOTIDIEN"

Dans ce livre, vous découvrirez les résonances spécifiques de quatre-vingts pierres énergétiques, réveillant la réactivité du corps en lui rappelant ses fonctions originelles : les liens "corps, esprit et univers".

En abordant cette vue, différente de l'action vibratoire énergétique de chaque pierre ou cristal concerné, **vous comprendrez pourquoi et comment l'énergie minérale agit sur votre comportement psychologique et surtout comment l'utiliser à bon escient pour avancer dans votre vie.**

240 Pages couleur

23 €

ISBN 2-9521745-3-9

35 $ Canadiens

Ce livre vous permettra simplement, mais efficacement, d'agir de plusieurs manières grâce à l'application de nombreux exercices détaillés, en fonction de vos besoins ou de vos attentes personnelles.

Actions énergétiques physiques :

- **Vous pourrez déterminer,** en fonction de vos besoins énergétiques inconscients ou conscients, **votre pierre du moment appelée pierre du "chemin".**
- **Vous apprendrez à pratiquer,** en duo avec votre pierre du "chemin" et votre pierre complémentaire "d'action", des exercices ou des méditations vous permettant d'énergiser et d'équilibrer vos centres énergétiques défaillants.

Actions vibratoires mentales et spirituelles :

- **Vous pourrez définir vos pierres du "chemin" et "d'action"** en fonction de vos attentes ou de vos projets personnels.
- **Vous découvrirez comment les utiliser dans votre chemin de réalisation, pour vous permettre d'agir au quotidien.**

Et aussi :

- **80 mandalas énergétiques (cercles de pierres).**
- **80 exercices de recentrage et de réharmonisation.**
- **80 propriétés agissant sur les maux de la vie courante.**
- **12 cadrans uniques et spécifiques.**

19,50 €

28 $ Canadiens

Boîte vide, spécialement conçue pour contenir les quatre-vingts pierres et cristaux utilisés dans les trois tomes "Psychologie des pierres et des cristaux".

Tarif des pierres et cristaux sur demande.

Site internet :
http://**www.jmd-boutique.info**

Approche psychologique des pierres et des cristaux. Tome 02

"LES DOUZE FORCES VIBRATOIRES"

260 Pages couleur

23 €

ISBN 2-9521745-3-9

35 $ Canadiens

Grâce à l'étude et à l'analyse des quatre-vingts "symboles prémonitoires" allant de la philosophie de l'existence à la connaissance de soi, **la compréhension des douze forces vibratoires permet d'agir en accord avec l'Originel.**

Pouvoir utiliser le temps qui passe, c'est aussi anticiper la seconde qui vient, pour l'utiliser au maximum lorsqu'elle arrive...

Les douze forces vibratoires permettent :

- **D'une part le développement des "chakras spirituels"**, forme individuelle d'évolution personnelle et de connaissances multiples.
- **D'autre part, l'utilisation des énergies compensatrices de notre corps pour notre équilibre physique.**

Des quatre-vingts "symboles prémonitoires" **se dégagent principalement six éléments spirituels incontournables :** Le chemin, le rayonnement, l'harmonie, le bonheur et l'amour pour accéder au Moi intérieur.

Ainsi que six éléments physiques : Les racines, l'énergie, l'équilibre, la perception, la connaissance et le relationnel.

Dans cet ouvrage vous trouverez :
- **Quatre-vingts exemples pour développer votre force d'agir, votre aura et vos possibilités de perception.**

- **Quatre-vingts pierres et cristaux.**
- **Huit polyèdres et une sphère** en accord vibratoire avec les quatre-vingts symboles du jeu des douze forces vibratoires.

Vous découvrirez également comment, simplement, facilement et rapidement, utiliser le jeu des douze forces vibratoires **permettant d'être l'acteur de votre vie. Ce jeu vous apporte réellement des réponses prémonitoires.**

Oser vous faire confiance, c'est vous autoriser à agir pour avancer dans la vie.

Ce livre utilise d'une façon différente les quatre-vingts pierres et cristaux utilisés dans les premier et troisième tomes qui sont complémentaires à celui-ci.

Jeu des douze Forces Vibratoires

Les quatre-vingts "symboles prémonitoires" ont pour objet de vous permettre, face à une difficulté, un choix, une situation, un projet ou un sentiment, d'évoluer et d'agir sans perdre conscience des événements de la vie.

Ils vous aident à développer vos facultés de ressenti et de perception.

Approche psychologique des pierres et des cristaux. Tome 03

35 $ Canadien

"LA LITHOPONCTURE"

260 Pages couleur

ISBN 2-9521745-3-9 23 €

9 782952 174534

35 $ Canadiens

Action physique, intellectuelle, mentale, psychique et émotionnelle des pierres et des cristaux.

La Lithoponcture repose sur la trilogie existentielle basée sur la réorganisation énergétique des trois corps (physique, éthérique et mental, reliant le corps astral).

La Lithoponcture réactive ces trois fonctions énergétiques, facilitant la localisation des difficultés mentales et physiques.

- Elle agit sur les points "Carrefour", autorisant les déblocages qui permettent la réorganisation de la circulation de l'énergie éthérique et physique.

- Elle permet le développement du ressenti, favorisant l'équilibre psychique.

- Elle favorise les liens avec "l'Ether", source inépuisable d'énergie.

La Lithoponcture est une forme traditionnelle de thérapie utilisant :

- Pour le corps physique, les éléments naturels, végétaux et minéraux.

- Pour le corps éthérique, les cheminements des points structurels.

- Pour le mental, les liens énergétiques reliant le conscient à l'inconscient, développant l'énergie psychique.

La Lithoponcture agit sur la notion d'équilibre entre les rythmes biologiques.

De ce fait, elle régule les rythmes cycliques temporels, faisant appel à la notion d'utilisation du temps cyclique **dans le temps linéaire.**

Elle est basée sur la conductance énergétique cutanée.

Souches Energétiques®

Les Souches Energétiques s'utilisent, soit en inhalations, stimulant les centres olfactifs, répercutant leurs effets sur le psychique et le physique, soit en digitoponcture, énergisant les méridiens d'acuponcture et structurels.

Les Souches Energétiques sont l'association de plusieurs huiles essentielles et d'une huile de massage **en résonance avec les fréquences des quatre-vingts pierres et des quatre-vingts symboles du jeu des douze forces vibratoires.**

Les Souches Energétiques sont les piliers indispensables de la trilogie existentielle énergétique.

Elles sont présentées dans une boîte de 80 souches de 2 ml.

Les Souches Energétiques sont les compléments indispensables du livre "Psychologie des pierres et des cristaux - Tome 03 La "Lithoponcture".

En vente uniquement aux Editions-JMD ou dans les boutiques autorisées.

Vous venez de terminer cet ouvrage.
J'espère que son contenu vous aura donné satisfaction.
Peut-être aimeriez-vous être tenu au courant de nos nouvelles publications ?
Dans ce cas, retournez-nous cette carte dûment remplie, et nous nous ferons un plaisir de vous envoyer régulièrement les documentations relatives à nos nouveautés que vous pourrez alors vous procurer auprès des

Éditions J.M.D. B.P. 30 68124 LOGELBACH France

Merci d'écrire trés lisiblement, en lettres d'imprimerie :

Nom : ....

Prénom : ....

Adresse : ....

Localité : ....

Code postale : ....

E.mail : ....

Je commande les sujets suivants (Cocher les titres) :

Collection : Un Jour Un Chemin

- ☐ Les liens terrestres : **18**
- ☐ Bien vivre mon relationnel : **18**

Collection : Le petit guide de l'essentiel

- ☐ Comment Oser Dépasser les Défis de sa Vie ? **12**

Collection : Psychologie des pierres et des cristaux.

- Tome 01 ... ☐ Le secret des pierres au quotidien : **23**
- Tome 02 ... ☐ Les douze forces vibratoires : **23**
- Tome 03 ... ☐ La Lithoponcture : **23**
- ☐ Jeu de Cartes : Les douze forces vibratoires : **33**

Je viens de lire l'ouvrage suivant : ....

Vous pouvez commander par courrier aux

Éditions J.M.D. B.P.30 68124 LOGELBACH Tel: 06.80.68.04.46
E.mail / Courriel : editions-jmd@wanadoo.fr

Prix indiqué + participation aux frais de port et d'emballage: 4

Stages et ateliers de Lithoponcture ®

Actions Energétiques et Emotionnelles des pierres et des cristaux.

Merci, d'écrire très lisiblement, en lettres d'imprimerie:

Nom : ....

Prénom : ....

Adresse : ....

Localité : ....

Code postale : ....

E.mail : ....

Veuillez me faire parvenir la documentation sur vos lieux et dates de stages et de conférences, en particulier pour :

....

....

....

....

....

....

....

....

Renvoyer cette demande dans une lettre affranchie aux

Editions J.M.D. B.P. 30 68124 LOGELBACH France

Avec tous mes remerciements.

JMD

Les Mandalas

Mandala du relationnel

Mandala du Mana chakra

Mandala de la Compassion

Mandala Connaissance parfaite

Mandala Frontal

Mandala Coronal

Mandala du Respect

Mandala du Chemin

Mandala du Rayonnement

Mandala de l'Harmonie

Mandala de l'Amour

Mandala du Bonheur

Mandala de l'Action

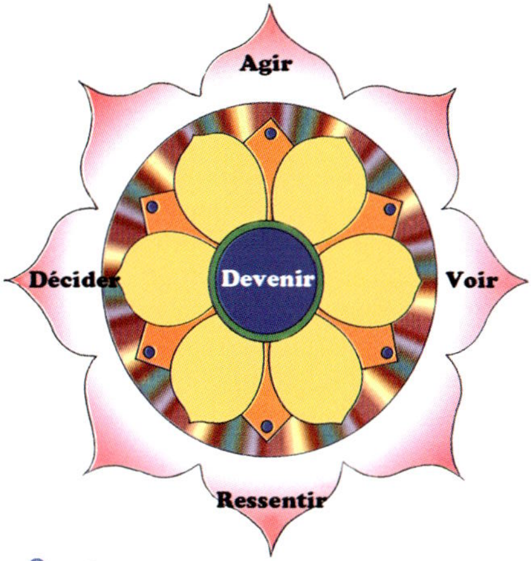

Mandala du MOI

Mandala du Laryngé

Mandala de l'Evolution

Mandala du Nectar de Lune

Mandala de la Recherche

Cercle chromatique droit

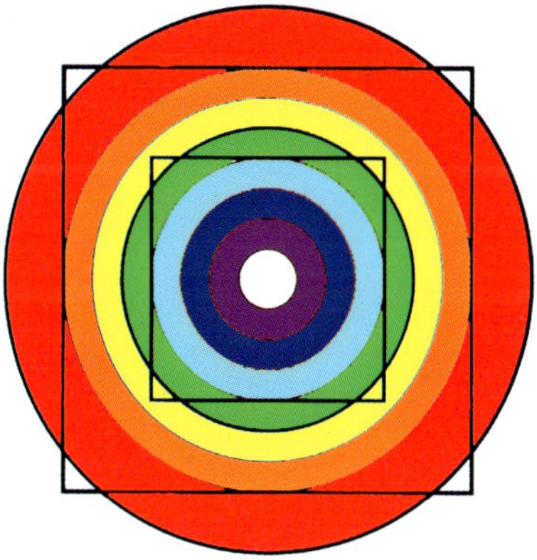

Cercle chromatique gauche

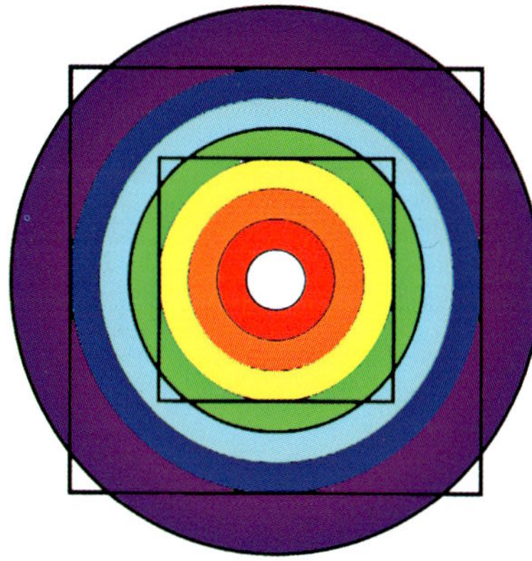

Mandala de la Décision

Talu chakra

Prendre conscience

Mandala de l'Ecoute

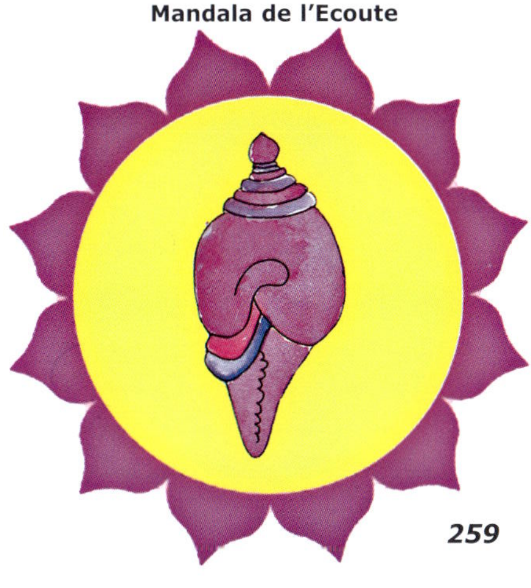